주니어 출신 **박영진** 프로의

주니어  골프

박영진 지음

가림출판사

추천의 글

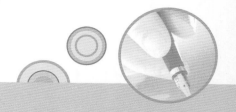

   그 동안 골프 선진국을 다니면서 그곳 청소년들이 좋은 환경에서 운동과 학업을 병행하는 모습을 보면서 우리 나라도 하루 빨리 그런 환경을 미래의 꿈나무들에게 제공해줄 수 있는 날을 손꼽아 기다려 왔습니다.

   최근에 한국청소년골프협회가 생기고 여기 초대 회장직을 맡으면서 그 동안의 생각들을 하나하나 실천하기 위하여 나름대로 최선을 다하고 있습니다.
   그런데 막상 청소년들의 교육을 시키기 위해 교재를 찾아보니 마땅한 교재가 없어 난감함을 느끼고 있었습니다.

   이런 와중에 주니어 때부터 골프를 시작하여 오랜 기간 골프를 사랑하는 마음으로 열심히 기량을 닦아온 박영진 프로가 주니어를 대상으로 한 골프 입문서를 집필한다는 반가운 소식을 듣고 기꺼이 추천의 글에 응하였습니다.

   한 권에 그 동안의 많은 노하우들을 다 담을 수는 없겠지만, 미력하나마 시작을 했다는 것이 학생들을 위해 큰 도움이 될 것이라 생각합니다. 더군다나 협회에서 주관하는 시합 때마다 경기위원으로 직접 참석하여 학생들을 지도하고 대회 운영을 해온 경험이 많은 골퍼가 집필을 하여 학생들에게 가장 필요한 골프 지식이 다 담겨 있다고 봅니다.

   아무쪼록 이 책을 통하여 주니어들이 자신감을 가지고 올바른 교육 체계를 습득하여 미래의 최고 프로 골퍼로 성장할 수 있는 밑거름이 되길 바랍니다.

                                                           한국청소년골프협회 회장 김창연

어린 시절 한집에 살던 프로님을 따라 처음으로 갔었던 골프장에서 프로님들이 볼을 치는 모습이 너무나 멋있게 느껴져 그때부터 골프의 매력에 빠지면서 골프 인생은 시작되었습니다.

내가 골프를 시작할 무렵에는 사회 전반에 걸쳐 골프란 특정 계층이나 즐기는 운동이란 인식이 전반적이었습니다. 더군다나 어려서부터 골프를 시작하는 경우는 드물었을뿐만 아니라 주니어들을 위한 체계적인 교육이나 지침서가 지금처럼 다양하지는 않았습니다. 최근 10여 년 동안 미국에서 활약하는 많은 우리 나라 골프 선수들이 한국 골프의 위상을 드높이면서 국내에서도 골프에 대한 인식이 변화되었습니다. 그리고 골프로 대학을 진학하거나 사회 진출 후 직업으로 선택하는 사람들이 늘어나기 시작했습니다. 당연히 골프 교육에 대한 관심은 커지기 시작했고 그만큼 대중화되었습니다.

그러면서 대학교에 관련 학과가 생기고 많은 학생들이 유학의 길에까지 오르게 되었습니다.

이런 시점에 성인을 대상으로 한 골프 책자들은 다양하게 출간되어 왔지만, 주니어들을 대상으로 한 올바른 지침서는 없는 게 현실입니다. 아직까지 골프에 대한 경험은 많이 부족하다고 생각되지만 조금 빨리 시작한 선배로서 후

배들에게 미력하나마 알고 있는 지식을 나누어 줌으로써 이왕 시작한 골프에 대한 선택이 후회되지 않도록 하기 위해서 이 글을 쓰게 되었습니다.

현재 우리 나라에 골프 선수로 등록된 학생들이 1600여 명이 됩니다. 앞으로 이 어린 선수들이 제2의 박세리, 최경주 선수가 될 수 있도록 올바른 가르침이 무엇보다 중요합니다.

이 책에는 골프에 대한 기초 상식부터 스트레칭, 스윙의 기본, 어프로치샷, 벙커샷, 퍼팅, 트러블샷을 비롯한 골프의 실질적인 이론에서부터 주니어들을 위한 국내 시합 및 골프로 대학가기, 자신에게 맞는 클럽 선택하기에 대한 내용을 추가하여 골퍼로서 기본적으로 알아두어야 할 상식들을 모두 수록하였습니다.

끊임없는 노력을 통하여 자신만의 스윙 철학과 스윙을 갖고 골프를 해야 앞으로 발생하는 여러 가지 고민들을 해결하면서 진정한 골퍼가 될 수 있습니다.

아무쪼록 이 책이 그런 고민을 조금이나마 해결해 주면서 성인으로서 프로 골퍼가 되어서도 진정한 골퍼로서 성공할 수 있는 밑거름이 되길 바랍니다.

끝으로 어려서부터 골프를 칠 수 있게 도와주신 부모님과 가족들에게 감사드리고 이 책을 쓸 수 있게 도와준 가장 친한 친구인 김준모 프로, 나에게 골프를 가르쳐 주신 진상권 프로님, 모델하느라 고생한 제자 김대환 학생, 항상 응원해 준 이승주, 용품협찬사인 테일러메이드 코리아와 G&T 직원분들에게 감사하다는 말을 전합니다.

2007년 1월 박영진

골프를 하는 모든 학생들은 가장 먼저 타이거 우즈를 생각할 것이다. 골퍼로서 세계에서 가장 많은 부와 명예를 쌓은 선수이기 때문이다. 그러나 타이거 우즈는 한국의 주니어 골퍼들에게는 너무나 오르기 어려운 산과 같아서 쉽게 타이거 우즈처럼 되어야겠다는 생각을 할 수 없을 것이다. 그런 한국의 주니어 골퍼들에게 골퍼로서 가장 큰 희망을 전해 준 선수는 1998년 LPGA 메이저 대회 중 하나인 US OPEN에서 우승한 박세리 선수라고 생각한다.

박세리 선수는 한국인에게 불가능해 보이기만 했던 LPGA 투어 중에서도 가장 어렵기로 유명한 US OPEN에서 우승을 함으로써 한국 선수로서는 최초로 부와 명예를 한꺼번에 얻은 선수가 되었다. 그후 한국에서 골프는 막연한 즐거움을 얻기 위한 운동이 아닌 직업인으로서 골프를 하는 사람이 증가하기 시작했다. 많은 주니어 골퍼들이 등장하기 시작했고 이러한 폭발적인 주니어 골퍼의 등장으로 한국 골프는 전세계에서 가장 탄탄한 주니어 골퍼들이 많은 시장으로 자리잡게 되었다. 그후 김미현, 박지은 선수뿐만 아니라 수많은 한국의 골퍼들이 LPGA 투어에서 우승을 차지하게 되었다. 그러나 한국에서 여자 골프는 미국에서 승리할 수 있을지 몰라도 신체적으로 서양인에 비해 열악한 남자 골퍼들에게는 PGA 투어 우승이 불가능해 보였다. 불가능해 보이기만 했던 PGA 우승을 2002년 최경주 선수가 차지하면서 한국의 주니어 골프가 여자뿐만 아니라 남자들에게 부와 명예를 얻을 수 있는 스포츠로 자리잡게 되었다.

1990년대 초반까지만 해도 한국에서의 주니어 골퍼들은 열악한 한국의 골프장 환경에서 고작해야 대회 때만 필드에서 제대로 라운딩을 할 수 있는 여건이었다. 그러나 10여 년이 지난 현재는 주니어 골퍼만 1600여 명이 넘을 정도로 많이 등장하였고, 이들을 또 다른 박세리, 최경주선수로 만들기 위해 대한골프협회에서도 수많은 대회를 개최하여 주니어 골퍼들의 꿈을 이룰 수 있도록 지원을 아끼지 않고 후원하고 있는 것이 현실이다.

이처럼 빠르게 성장하고 있는 한국의 주니어 골프에 미국에서조차 타이거 우즈와 비교할 수 있을 정도의 대스타가 된 미셸 위의 등장은 골프를 직업으로서 고려하고 있었던 한국의 학부모님들에게 이제는 더 이상 고민거리가 되지 않을 정도로 확신을 심어주었다.

그러나 이처럼 빠르게 주니어 골프가 성장하면서 골프를 하는 학생과 부모님들은 골프만 잘 하면 부와 명예를 가질 수 있다는 생각만으로 학생으로서 본분을 잊고 학교 수업을 참여하지 않으면서 하루 종일 골프장에서 연습만 하는 학생이 증가했다는 것은 미래의 한국 골프에 그 다지 긍정적인 면만 있는 것은 아니라고 생각한다. 타이거 우즈는 전세계에서 가장 좋은 학교 중에 하나인 미국의 스탠포드를 입학할 정도로 골프뿐만 아니라 학업에도 충실한 선수였다. 물론 프로 골퍼로서의 명예와 부를 얻기 위해 대학을 졸업하지는 못했지만 중학교, 고등학교 때부터 학업을 완전히 멀리하지는 않았다는 것을 한국의 주니어 골퍼와 부모님들은 알아야 할 것이다.

한국인임에도 불구하고 박지은은 미국의 애리조나주에서 개최되는 대회에서는 꼭 홈팬들에게 응원을 받는 것처럼 많은 갤러리가 박지은의 골프를 보고 싶어한다. 그 이유는 박지은 선수가 대학을 애리조나에서 졸업했기 때문일 것이다. 미래에 많은 주니어 골퍼들은 국내에서만 만족하지 않고 전세계를 상대로 훌륭한 기량을 보여주기를 원할 것이고 제2의 박세리, 박지은, 최경주 선수가 수없이 많이 등장할 것이라는 점에는 조금도 의심하지 않는다. 그러나 골프만 잘 하는 선수가 아닌 어린 시절에 많이 배워 습득해야 할 지식을 겸비할 수 있는 훌륭한 선수 가 되기를 바라는 마음 간절하다.

학창시절 한국에서 골프를 한다는 것은 다른 스포츠와 비교해서 절대로 쉬운 것은 아니다. 그러나 쉽게 성취되는 일에 얼마나 많은 보상이 따르겠는가? 쉽지 않기 때문에 많은 사람들은 골프에 인생을 거는 것이 아니겠는가? 현재 PGA에서 선수생활을 하고 있는 비제이 싱은 작은 섬나리인 피지에서 태어나 가난과 싸워 이긴 대표적인 선수인 데 현재 피지의 대통령보다 더 유명인사가 되었다고 한다. 이처럼 어려운 환경에서 승리하는 것이 그 무엇보다 많은 승리의 기쁨을 맛볼 수 있을 것이다. 골프를 하는 모든 주니어 골퍼들에게 이 책을 통해 올바른 자세와 기술을 전달하고자 노력했는 데 이러한 노력이 골프를 시작하는 많은 학생들에게 조금이나마 도움이 되었으면 한다.

Part 1

골프 기초 상식

골프의 역사

【 골프의 기원에 대한 설 】

스코틀랜드의 한 양치기가 초원에 굴러다니던 돌멩이를 양 몰이용 지팡이로 후려친 것이 우연히 토끼 굴 속으로 굴러 들어갔다. 이를 본 다른 목동이 호기심에 다시 시도해 봤으나 잘 되지 않았고, 여러 번 시도 끝에 넣을 수 있었다. 그 이후 목동들은 이 놀이를 자주 즐겼는 데 그것이 오늘날의 골프로 발전하였다고 한다. 양들이 노닐던 초원은 페어웨이, 풀밭의 돌멩이는 볼, 토끼 굴은 홀컵이 되었으며 목동들의 지팡이는 골프채가 되었다고 한다.

1. 영국의 스코틀랜드 목동들이 행했던 놀이에서 유래된 설
2. 기원전 네덜란드 지방에서 어린 아이들이 즐겨하던 코르프라는 경기에서 비롯되었다는 설
3. 고대 로마시절, 로마 군인들이 한 방향으로 구부러진 스틱으로 새틸 볼을 치며 즐기던 놀이가 스코틀랜드에 남아 골프가 되었다는 설

【 골프에 관한 가장 오랜 기록 】

"잉글랜드의 침략에 대비하기 위해 국민들은 활쏘기를 연마해야 한다. 골프와 같은 부드럽고 가벼운 게임의 유행은 궁술을 소홀히 여기게 하고 국민들의 용기와 전투력을 상실하게 하므로 금지한다."

1. 1457년 스코틀랜드 의회조례의 금지령에 이러한 내용이 나와 있다.
2. 1471년 제임스 3세가 내놓은 법령에는 일요일에 골프하는 것을 금지하는 규정이 있다.

왜냐하면 골프 때문에 일요일에 교회에 가서 설교를 듣는 사람이 적어졌기 때문이라고 한다.

골프 게임이란

넓은 땅에 18개의 코스를 만들어 놓고 골프채를 이용해 각 코스에 있는 구멍(홀컵)에 볼을 넣는 게임이다.

골프채로 볼을 친 횟수로 승부를 결정한다. 1번 홀부터 시작하여 18번 홀까지 돌며 각 홀마다 친 횟수를 스코어 카드에 적고 카드에 적은 총 횟수를 세면 된다. 가장 적게 친 사람부터 순위를 결정한다. 골프를 잘 하는 사람일수록 볼을 친 횟수가 적고 못하는 사람일수록 볼을 친 횟수가 많게 된다.

골프장 구성

코스는 총 18개로 구성되어 있다.

티잉 그라운드에서 그린까지의 거리에 따라 세 번 만에 넣는 파3홀, 네 번 만에 넣는 파4홀, 다섯 번 만에 넣는 파5홀로 나뉜다.

홀	타수	홀의 수	총 타수
파3	3타	4개	12타
파4	4타	10개	40타
파5	5타	4개	20타
총		18개	72타

18홀 중 파3가 4개, 파4가 10개, 파5가 4개로 구성되어 있고 이를 모두 더하면 총 72타가 된다.

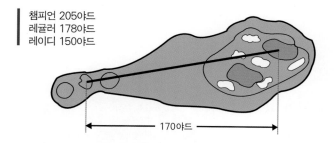

챔피언 205야드
레귤러 178야드
레이디 150야드

170야드

Par 3

250야드 이하의 짧은 홀로서 티잉 그라운
드에서 한 번에 볼을 그린에 올리고 두 번
만에 홀컵에 넣는 홀이다.

Par 4

251~470야드의 홀로서 두 번에 볼을 그린에
올리고 두 번 만에 홀컵에 넣는 홀이다.

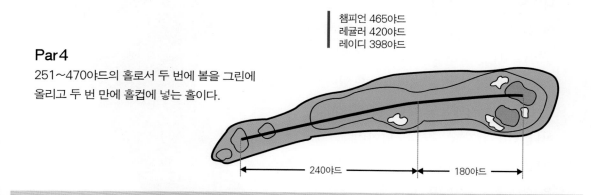

챔피언 465야드
레귤러 420야드
레이디 398야드

240야드

180야드

Par 5

471야드 이상 되는 홀이다.
세 번에 볼을 그린에 올리고 두 번 만에 홀컵에
넣는 홀이다.

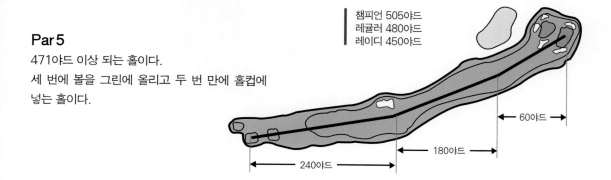

챔피언 505야드
레귤러 480야드
레이디 450야드

60야드

180야드

240야드

골프 코스

길이가 서로 다른 18개의 홀로 구성되어 있다. 각 홀에는 처음 볼을 놓고 시작하는 티잉 그라운드가 있다. 티잉 그라운드는 성별이나 나이, 실력의 차이에 따라 3곳으로 나뉘어 있다. 그 밖에 볼을 마지막으로 넣는 구멍(홀컵)이 있는 그린이 있고 티잉 그라운드와 그린 사이에 페어웨이가 있다.

각 홀에는 장애물도 많다. 숲(러프)이나 연못(해저드), 모래구덩이(벙커)같이 인공적으로 만들어 놓은 장애물도 있고, 또 바다나 강, 계곡, 작은 산같은 자연 그대로가 장애물로 이용되기도 한다.

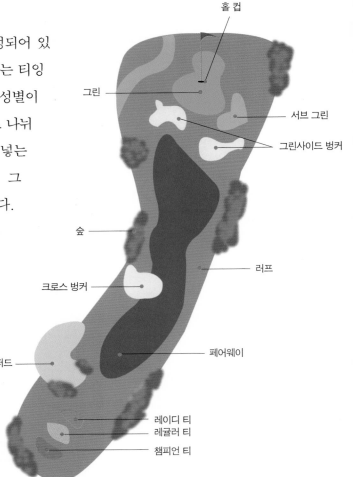

홀 컵

그린

서브 그린

그린사이드 벙커

숲

러프

크로스 벙커

페어웨이

워터 해저드

레이디 티
레귤러 티
챔피언 티

골프 경기 방법

⚫ 스트로크 플레이

18홀을 돌며 볼을 친 횟수를 총 합하여 승부를 결정하는 방법이다. 가장 적은 타수를 친 사람이 우승자가 된다.

텔레비전에서 골프경기 중계를 보면 박세리가 몇 언더파로 우승을 하고 타이거 우즈가 몇 개 차이로 우승을 했다는 말을 들어 본 적이 있을 것이다. 여기서 몇 개 차이로 우승을 했다는 건 1등과 2등이 18홀을 돌며 볼을 친 횟수를 합하여 차이가 나는 수를 말하는 것이다. 보통 텔레비전에서 해주는 경기의 대부분이 스트로크 플레이라고 보면 된다.

1등의 타수가 같을 때에는 보통 마지막 18번 홀에서 다시 승부를 가린다. 그래도 승부가 나지 않으면 승부가 날 때까지 한다. 모든 경기가 다 그런 것은 아니다. 매 경기마다 미리 경기 룰을 정해 놓는다. 아마추어 경기에서는 연장자나 핸디캡이 적은 사람 또는 최초 9홀의 스코어가 좋은 사람이 이기는 것으로 하는 경우도 있다.

🏌 매치 플레이

각 홀마다 승부를 가리는 방법이다.

18홀을 끝내고 이긴 홀이 더 많은 사람을 우승자로 한다. 1홀을 이겼을 때 1업, 1홀을 졌을 때 1다운, 무승부는 하프라고 부르며 승부가 같은 수일 경우는 올스퀘어라고 한다. 매치 플레이에서는 18홀 중 10홀을 이긴 경우 그 선수가 우승자가 되기 때문에 18홀을 마지막까지 플레이 하지 못하는 경우도 있다.

보통 핸디캡이 같은 사람과 하는 경우가 많지만 실력이 다른 사람과도 할 수 있도록 만들어진 핸디캡 홀이 있다. 경기자들의 핸디 차이가 18이라고 하면 한 홀에 한타의 핸디를 받게 되고 스코어가 같은 경우 핸디를 받은 사람이 그 홀에서 이기게 된다.

	1홀	2홀	3홀	4홀	5홀	6홀	7홀	8홀	9홀	Out
A선수	Up	-	Up	Down	-	Up	Down	-	Up	2Up
B선수	Down	-	Down	Up	-	Down	Up	-	Down	2Down

	10홀	11홀	12홀	13홀	14홀	15홀	16홀	17홀	18홀	In	total
A선수	Up	-	-	Up	-	Down	Up	-	Down	1Up	3Up
B선수	Down	-	-	Down	-	Up	Down	-	Up	1Down	3Down

* A선수가 7홀을 이기고 B선수가 4홀을 이겼기 때문에 A선수가 3Up으로 이기게 된다.

● ● ● 핸디캡
골퍼의 기술을 숫자화 한 것으로 숫자가 적을 때 상급자에 해당된다.
코스의 홀 난이도에 따라 1에서 18까지의 숫자로 표기되어 있다.

● ● ● 스트로크
볼을 치는 것, 1스트로크 = 1타

# 타수 부르는 방법

각 홀마다 '파'라고 하는 기본 타수를 정하여 놓는다. 파보다 적은 타수나 많은 타수
도 부르는 명칭이 있다.

보기_ 파보다 1타 더 많이 친 경우

더블 보기_ 파보다 2타 더 많이 친 경우

트리플 보기_ 파보다 3타 더 많이 친 경우

더블 파_ 파의 2배를 친 경우

파_ 각 홀마다 정해진 기본 타수

버디_ 파보다 1타 적게 친 경우

이글_ 파보다 2타 적게 친 경우

알바트로스_ 파보다 3타 적게 친 경우

홀인원_ 한 번에 홀컵에 넣는 경우

호칭	파3홀	파4홀	파5홀
홀인원	1타	1타	1타
알바트로스		1타	2타
이글	1타	2타	3타
버디	2타	3타	4타
파	3타	4타	5타
보기	4타	5타	6타
더블 보기	5타	6타	7타
트리플 보기		7타	8타
더블 파	6타	8타	10타

골프 용품과 복장

● 복장

골프는 신사 스포츠이기 때문에 복장에도 규제가 있다. 라운딩 때 청바지를 입는 것은 안 되고 남자의 경우 반바지도 입을 수 없다.

우리 나라에서 몇몇 골프장들은 반바지를 입고 긴 양말을 신어 살이 보이지 않게 하면 반바지 복장을 허락하는 곳도 있다.

그러나 대부분의 골프장들은 긴 바지만 입게 한다. 외국의 경우 반바지 복장이 허락되는 골프장도 많이 있다. 그러나 외국에서도 명문 골프장들은 반바지 복장을 허용하지 않는다.

● 골프볼

골프볼은 2피스, 3피스, 4피스로 나눌 수 있다.

2피스는 단단한 고무 재질에 커버를 씌워 만들어졌다. 볼이 딱딱하여 거리를 많이 보낼 수 있는 장점이 있다. 힘이 약한 주니어나 여성 골퍼, 일반 아마추어 골퍼들이 쓰기 좋다.

3피스는 단단한 고무 재질에 고무실을 여러 번 감아 그 위에 커버를 씌워 만들어졌다. 2피스에 비해 거리는 조금 떨어지나 스핀이 많아 조절력이 좋다. 3피스, 4피스는 프로 골퍼들이 많이 쓴다.

● 골프화

18홀 라운딩을 하는 데 평균 6km 정도를 걷는다고 한다. 그러므로 자신의 발에 잘 맞는 골프화를 선택해야 발의 피로를 덜어 줄 수 있다. 좋은 골프화는 가볍고 신축성이 좋으며 편안함을 위해 유연성이 좋고 방수가 잘 된다. 골프화의 바닥에는 발이 미끄러지지 않게 스파이크가 달려 있다.

● 골프장갑

골프장갑을 끼는 이유는 손을 보호하고 스윙할 때 미끄러지는 것을 방지하기 위해서다. 보통 왼손에만 장갑을 끼는 경우도 많은데 왼손은 그립 전체를 잡고 있고 오른손은 왼손 위로 올라가기 때문이다.

● 기타용품

골프백에 넣고 다녀야 할 용품들로는 골프 티, 볼 마크, 그린 포크, 우산, 타월 등 여러 가지가 있다. 골프 티는 처음 티샷할 때 볼을 올려놓는 데 사용한다. 볼 마크는 그린에서 볼을 집어 올리기 전에 볼 뒤에 표시해 놓는 데 사용한다. 그린 포크는 그린에 볼이 떨어질 때 생기는 홈집을 보수하는 도구이다. 우산은 혹시 올지 모르는 비에 대비하고 햇볕이 너무 뜨거울 때 쓰고 다닌다. 타월은 클럽에 흙이 묻거나 볼을 닦을 때 사용한다.

Part 2

스트레칭

 스트레칭

어린 학생들을 가르치다 보니 요즘 학생들은 책상에만 앉아 있어서 그런지 유연성이 많이 떨어진다는 걸 느낄 수 있다.

모든 운동을 하기 전에는 충분히 몸을 풀고 해야 한다. 골프도 마찬가지다. 충분히 스트레칭을 하고 스윙 연습을 해야지만 부상도 예방할 수 있고 운동 효과도 극대화시킬 수 있다.

골프 황제 타이거 우즈도 유연성 운동을 많이 한다. 어려서부터 유연성 운동을 많이 했기 때문에 지금 같이 좋은 스윙을 유지할 수 있는 것이다.

운동 전 10분, 운동 후 10분만 투자해 보자. 분명히 남들보다 빨리 배우고 좋은 스윙을 갖게 될 것이다.

스트레칭의 기본 수칙

1. 근육이 늘어나는 동작에서는 숨을 내쉰다.
2. 한 동작을 할 때에는 5~15초 정도 유지를 해 준다.
3. 반동을 이용하지 않도록 한다.
4. 급하게 하지 말고 천천히 한다.

목 스트레칭

허리와 등을 바로 편 상태에서 양손바닥을 모아 엄지로 턱밑을 받쳐준다. 목에 힘을 빼고 엄지로 턱을 위로 올려 얼굴이 하늘을 보게 밀어 준다. 숨을 천천히 내쉬면서 밀어 주고 허리가 뒤로 젖혀지지 않게 주의한다.

어깨를 똑바로 편 상태에서 오른손바닥으로 왼쪽 머리를 잡는다. 목에 힘을 뺀 상태로 숨을 천천히 내쉬면서 오른쪽 방향으로 지긋이 당겨 준다. 당기는 쪽으로 몸 전체가 따라가지 않게 주의한다. 반대쪽도 같은 방법으로 해 준다.

어깨 스트레칭

똑바로 선 상태에서 왼쪽 팔을 머리 뒤로 올리고 팔꿈치를 오른손으로 잡는다. 숨을 내쉬며 오른쪽으로 팔꿈치를 부드럽게 당겨 준다. 반대쪽도 같은 방법으로 해 준다.

왼팔을 어깨 높이로 올리고 손바닥은 오른쪽이 보이게 한다. 오른손등을 왼손등에 닿게 하여 오른쪽으로 당겨 준다. 숨을 내쉬면서 고개는 왼쪽으로 돌려 준다. 이때 팔이 구부러지지 않게 주의한다. 반대쪽도 같은 방법으로 해 준다.

가슴 스트레칭

양팔을 머리 위로 올려 골프채 양끝을 잡는다. 양손은 놓치지 않게 하고 머리 뒤로 천천히 넘겨 준다. 양팔이 구부러지지 않게 하고 호흡은 편하게 한다. 처음에 안 되면 길이가 긴 클럽으로 넓게 잡고 시작하여 조금씩 좁혀 준다.

골프채를 몸 뒤로 오게 잡는다. 너무 좁지 않게 어깨 넓이 정도로 편하게 잡는다.

가슴을 앞으로 밀면서 팔을 위로 최대한 올려 준다. 올린 상태로 5~10초 정도 유지시켜 준다. 들어올릴 때 상체가 앞으로 쏠리거나 팔이 구부러지지 않게 주의한다.

옆구리 스트레칭

양팔을 머리 위로 올려 골프채 양끝을 잡는다. 양팔은 어깨 넓이보다 조금 넓게 잡는다. 양팔이 구부러지지 않게 하고 그대로 몸을 옆으로 기울인다. 옆구리가 당겨지는 느낌이 날 정도로 기울여 주고 그 상태로 5~10초 정도 유지시켜 준다. 숨은 편하게 내쉰다.

벽에서 30cm 정도 떨어진 상태로 벽을 등지고 선다. 양발은 어깨 넓이로 서고 무릎은 살짝 구부려 준다. 몸을 돌려 양손바닥이 벽에 닿게 하고 시선도 벽을 본다. 그 상태로 5~10초 정도 유지하고 숨은 편하게 내쉰다. 반대쪽도 같은 방법으로 해 준다.

하체 스트레칭

바로 선 상태로 오른발을 뒤로 올려 오른손으로 발끝을 잡는다. 오른발이 엉덩이에 밀착되도록 당겨 준다. 허벅지 앞쪽이 당겨지는 느낌이 나면 10초 정도 유지해 준다. 처음에 균형 잡기가 힘들면 벽을 잡거나 골프채를 잡고 한다. 반대쪽도 같은 방법으로 해 준다.

양발을 어깨 넓이보다 넓게 서고 양손은 무릎을 잡는다. 왼발은 펴 주고 오른발은 구부려 준다. 무게를 조금씩 오른쪽으로 옮겨 준다. 허벅지 뒤쪽이 당겨지는 느낌이 나면 10초 정도 유지해 준다. 반대쪽도 같은 방법으로 해 준다.

Part 3

스윙

셋 업

그립

골프채를 양손으로 잡는 행위를 그립이라 한다. 그립은 골프채와 몸을 연결해 주는 유일한 연결점이다. 골프채를 휘둘러 볼을 제대로 보내기 위해서는 골프채를 잘 잡아야 한다. 그러므로 골프 스윙에서 그립을 잘 잡는 것은 무엇보다 중요하다. 그립을 바르게 잡지 않으면 몸에서 생긴 힘이 양손을 통해 클럽에 잘 전달되지 않아 클럽 헤드도 최대한의 가속을 내지 못한다. 그래서 아무리 좋은 스윙을 해도 볼은 똑바로 가지 못한다.

그립만 잘 잡아도 골프를 쉽게 배울 수 있고 스윙도 빠르게 할 수 있다. 그립을 잘못 잡은 상태에서 볼을 똑바로 보내려면 스윙도 비정상적으로 해야만 볼이 똑바로 갈 수 있게 되므로 그립은 정확히 잡도록 노력해야 한다.

골프채의 가장 위쪽에 고무로 되어 있는 부분을 그립(손잡이)이라 한다.

● 그립의 종류

그립은 오른손 새끼손가락을 어디에 놓느냐에 따라 종류를 나눌 수 있는 데, 오버래핑 그립, 인터로킹 그립, 베이스볼 그립의 3종류가 있다.

골프를 배우기 시작할 때 처음부터 오버래핑 그립을 잡으면 힘이 없고 손이 작은 아이들한테는 스윙 자체가 힘들게 된다. 따라서 처음 시작하는 어린 학생들(약 10세 이하)의 경우 베이스볼 그립을 잡는 것이 좋다.

우리 나라에서는 베이스볼 그립을 잡는 사람을 보기가 힘들다. 하지만 골프 선진국인 미국에서는 어린 아이뿐만 아니라 힘이 없고 손이 작은 여성들에게도 베이스볼 그립을 잡을 것을 권장하고 있다. 그립은 힘이 생기면 바꿀 수 있으므로 기본에 충실하자.

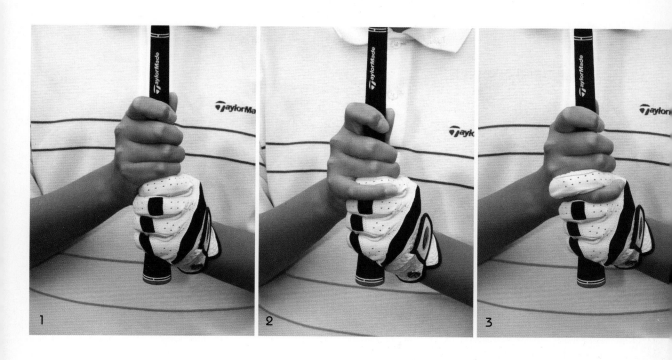

1. 베이스볼 그립

야구 방망이를 잡듯이 10개의 손가락을 모두 그립에 닿게 잡는 방법이다. 보통 어린 아이들과 손목에 힘이 없고 손이 작은 여성들에게 좋다.

2. 오버래핑 그립

오른손의 새끼손가락을 왼손의 두 번째와 세 번째 손가락 사이에 올려 잡는 방법으로 보편적으로 가장 많이 잡는 그립이다. 베이스볼 그립으로 골프를 시작한 어린 아이가 골프채를 마음대로 휘두를 수 있는 힘이 생겼을 때는 오버래핑 그립으로 바꾸는 것이 좋다.

3. 인터로킹 그립

오른손의 새끼손가락과 왼손의 두 번째 손가락을 약속하는 것과 같이 끼워 잡는 방법이다. 손가락이 짧거나 힘이 없어 스윙 시 그립이 움직이는 사람에게 좋다. 골프의 황제 타이거 우즈는 어렸을 적의 습관으로 아직까지도 인터로킹 그립을 잡고 있다.

● 그립의 선택 방법

바로 선 자세에서 상체를 앞으로 조금 숙여 팔에 힘을 뺀 후 편하게 내려 본다.

이때, 손바닥이 어디를 향하고 있는지 체크한다.

그 모양 그대로 그립을 잡는 것이 가장 바람직하다. 이때 어떻게 잡느냐에 따라 강한 그립(스트롱 그립), 중성 그립(스퀘어 그립), 약한 그립(위크 그립)으로 나눌 수 있다.

1. 강한(스트롱) 그립
왼손마디가 3개 이상 보이고 오른손바닥은 하늘을 보게 잡는 방법이다.

힘이 약한 아이들에게 좋다.

2. 중성(스퀘어) 그립
왼손마디가 2개 정도 보이고 오른손바닥은 볼을 보내고자 하는 방향으로 보게 잡는 방법이다. 강한 그립만큼의 파워는 없지만 가장 이상적인 그립으로 정확성이 좋다.

3. 약한(위크) 그립
왼손마디가 1개 보이고 오른손바닥은 지면을 보게 잡는 방법이다.

파워가 없기 때문에 권하지 않는다.

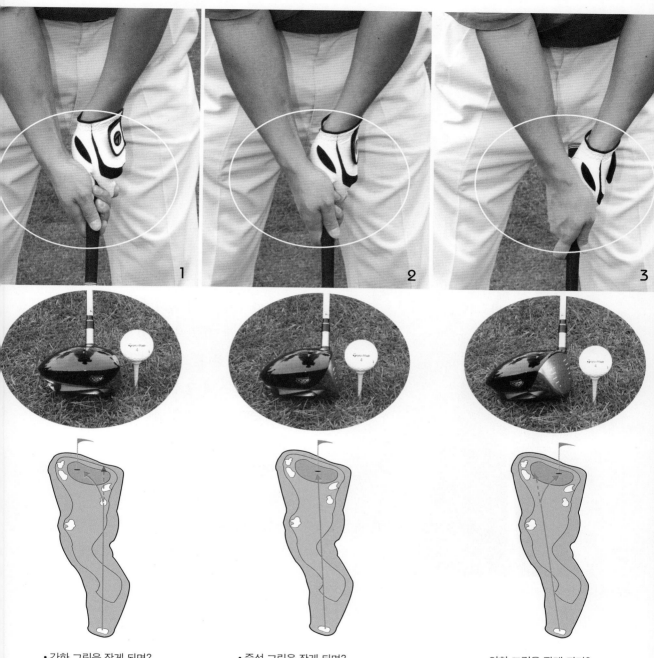

- 강한 그립을 잡게 되면?
  볼이 맞는 순간 클럽 헤드는
  왼쪽을 보게 되어 볼이 왼쪽으
  로 낮게 날아가게 된다. 거리
  를 많이 보낼 수 있다.

- 중성 그립을 잡게 되면?
  볼이 맞는 순간 클럽 페이스가 내가 보
  려는 곳과 직각을 이루어 볼이 똑바로
  나갈 수 있다.

- 약한 그립을 잡게 되면?
  볼이 맞는 순간 클럽 헤드는 오
  른쪽을 보게 되어 오른쪽으로 휘
  게 된다. 볼이 높게 떠서 거리는
  손해를 본다.

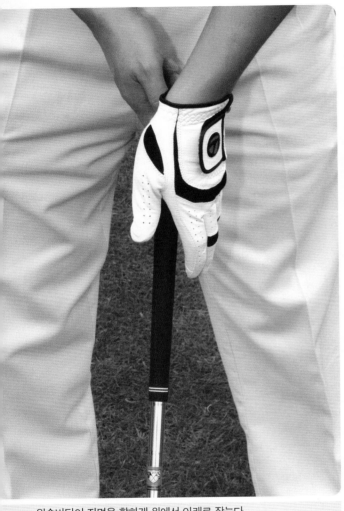

왼손바닥이 지면을 향하게 위에서 아래로 잡는다.

● 왼손 그립 잡는 방법

왼손 그립은 파워를 내는 그립이므로 힘이 없는 어린 아이들은 강한(스트롱) 그립으로 잡는 게 좋다. 왼손바닥이 지면을 향하게 위에서 아래로 내려 잡는다.

손바닥이 하늘을 보도록 잡게 되면 잡을 때 클럽 면이 돌아가게 되어 항상 일정하게 잡을 수가 없게 되므로 주의하여야 한다. 그립의 끝에는 동그란 선이 있는 데 그 선 밑으로 짧게 내려 잡는다. 길게 위로 올려 잡고 볼을 치면 방향성이 좋지 않게 된다.

왼손의 엄지와 검지는 V자 모양을 만들고 엄지는 구부려지지 않게 주의한다. 왼손의 3, 4, 5번째 손가락의 악력으로 잡으며 엄지와 검지는 힘을 뺀다.

그립 끝의 흰색 선이 보일 정도로 밑으로 내려 잡는다.

1 3, 4, 5번째 손가락의 힘으로 잡는다.
2 왼손 엄지와 검지의 V자 방향이 오른쪽 어깨를 향하게 한다.

🏌 오른손 그립 잡는 방법

왼손 그립이 파워를 내는 방법이라면 오른손 그립은 방향을 결정하는 역할을 한다.

오른손바닥은 볼을 보내려는 타깃 방향을 보게 하고 그대로 그립을 잡는다. 새끼손가락의 위치는 그립의 종류에서 언급한 것과 같이 개인마다 다르나 왼손과 오른손과의 공간이 생기지 않도록 한다. 두 번째 손가락은 세 번째 손가락과 붙지 않게 하고 구부려지지 않게 일자로 만들어 준다. 엄지와 검지의 V자 방향이 오른쪽을 향하도록 한다.

1 손바닥은 볼을 보내려는 방향을 향하게 한다.
2 손바닥을 그립에 갖다 대고 손바닥이 타깃 방향을 보도록 잡는다.

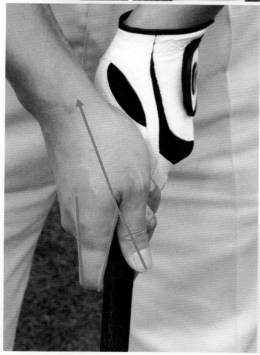

3 오른손 새끼손가락의 위치는 그립의 종류에서 언급한 것과 같이 개인마다 다르다.
4 두 번째 손가락은 세 번째 손가락과 붙이지 말고 일자가 되도록 떨어뜨린다.
5 엄지도 마디가 구부려지지 않게 최대한 펴 준다.
6 방아쇠를 당기는 모양으로 한다.
7 엄지와 검지의 V자 방향이 오른쪽을 향하도록 한다.

✿ 스탠스

  볼을 칠 때 두 발을 얼마만큼 어느 방향으로 벌리고 서 있
느냐를 말한다. 볼을 놓는 위치에 따라 방향이 바뀌는 데, 볼
의 위치는 클럽마다 길이가 다르기 때문에 그 위치도 바뀌게
된다. 7번 아이언의 경우 볼을 발과 발 사이 중앙에 놓는 것을
기준으로 한다. 클럽이 길어질수록 왼발 쪽에, 짧아질수록 오른발 쪽에 볼을 놓는다.
  * 주의_ 모든 클럽의 볼의 위치는 양발 사이에 두어야 한다.

볼을 칠 때 볼의 위치와
발의 넓이를 스탠스라고
한다.

짧은 클럽(피칭웨지, 샌드웨지)을 사용할 때의 볼의 위치

중간 클럽(7번 아이언)을 사용할 때의 볼의 위치

긴 클럽(드라이버)을 사용할 때의 볼의 위치

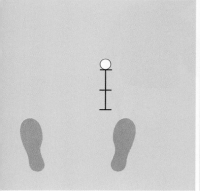
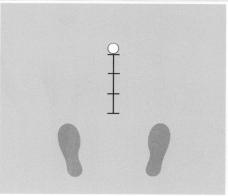
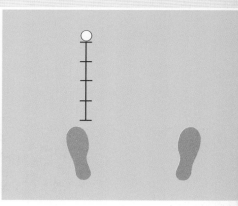

클럽의 종류에 따른 볼의 위치

🏐 발의 넓이

발의 넓이는 파워(볼을 멀리 보내는 힘)를 내는 데 중요한 역할을 한다. 보통 7번 아이언을 기준으로 할 때 어깨 넓이 정도로 벌리는 것이 좋다. 그보다 짧은 피칭웨지(p), 샌드웨지(s)의 경우는 어깨 넓이보다 조금 좁게 서고, 드라이버와 우드 같이 긴 클럽은 어깨 넓이보다 조금 넓게 서는 것이 좋다.

스탠스가 너무 넓으면 몸이 회전하기 힘들어 파워를 낼 수 없고 몸이 좌우로 움직이기 때문에 정확하게 볼을 맞히기 힘들다. 반대로 스탠스가 너무 좁으면 몸에 꼬임이 생기지 않기 때문에 파워를 낼 수 없고 몸에 균형을 잡을 수가 없게 된다.

주니어들은 유연성이 좋기 때문에 좁은 것보다는 약간 넓게 서는 것이 좋다.

| 짧은 클럽(피칭웨지, 샌드웨지)을 사용할 때의 발의 넓이 | 중간 클럽(7번 아이언)을 사용할 때의 발의 넓이 | 긴 클럽(드라이버)을 사용할 때의 발의 넓이 |

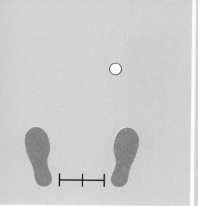 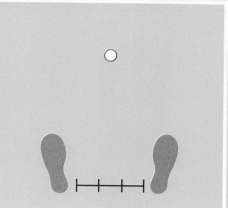 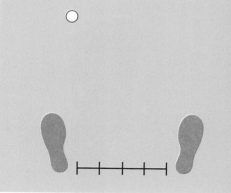

클럽의 종류에 따른 발의 넓이

🏐 발의 방향

양발 끝과 볼이 나가는 방향이 평행이 되게 선다.

힘이 없는 어린 아이의 경우 드라이버는 거리를 많이 내는 것이 유리하므로 3번 사진과 같이 양발 끝을 오른쪽으로 향하게 하여 왼쪽으로 휘어지게(드로우) 한다.

볼이 왼쪽으로 휘게 되면 앞으로 구르는 스핀이 생기게 되므로 땅에 떨어졌을 때 많이 굴러가게 된다.

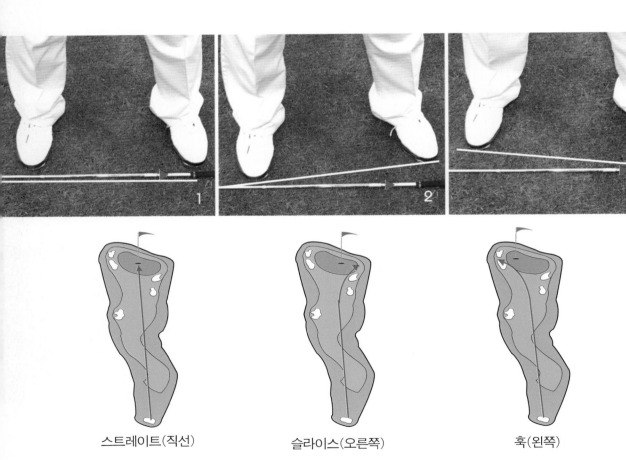

스트레이트(직선)   슬라이스(오른쪽)   훅(왼쪽)

● 발의 모양

볼 앞에 설 때 오른발은 볼을 보내려는 방향과 직각이
되게 한다. 왼발은 직각에서 15도 정도 왼쪽으로 벌려주는
것이 피니시 동작을 부드럽게 만들어 줄 수 있다.

유연성이 좋지 않은 아이의 경
우에는 왼발을 15도 정도 벌려
주지 않으면 발목 부상의 위험
이 따르므로 주의하여야 한다.

90도

15도

볼을 보낼 방향

🌸 어드레스

어떤 운동이던지 기본자세가 가장 중요하다. 특히 골프를
취미로 하는 아이의 경우 학교를 다니면서 꾸준히 연습하기
란 불가능하기 때문에 골프의 기본인 어드레스를 몸에 잘 익혀
두는 것이 무엇보다도 중요하다.

스윙이 제대로 나오지 않는다면 대체적으로 어드레스에서 잘못
된 점이 있을 가능성이 높다. 골프에서의 기본자세인 어드레스만 잘 잡아도 골프 스윙
의 80%는 성공했다고 볼 수 있다.

어드레스는 그립, 스탠
스를 하고 볼을 치기 전
잡는 자세다.

🏌 올바른 어드레스 잡는 방법

왼팔은 펴 주고 오른팔은 팔꿈치가 오른쪽 허리를 향하게 살짝 구부려 준다.

최대한 어깨 힘을 빼는 것이 중요하다. 어드레스 때 어깨에 힘이 많이 들어가면 백 스윙 시 어깨 회전을 충분히 할 수 없게 되어 올바른 스윙을 할 수가 없게 된다.

1 왼손보다 오른손이 밑에 있기 때문에 어깨는 오른쪽으로 살짝 기울어지게 된다.
2 왼팔은 펴 주고 오른팔은 팔꿈치가 오른쪽 허리를 가리키 도록 살짝 구부려 준다.

그립을 잡고 클럽을 들어올려 몸이 일자가 되게 선다. 무릎을 편 상태로 등이 구부러지지 않게 상체를 숙여 클럽 헤드를 볼 뒤에 놓는다. 이때 등이 구부러지게 되면 큰 근육을 이용하지 못하고 작은 근육으로 볼을 치게 되어 볼을 똑바로 보낼 수 없게 되고 비거리도 상당히 손해를 보게 된다. 힙은 하늘로 향하게 위로 올려 주고 등은 펴 준다.

등을 펴 주는 것이 처음에는 불편하고 허리가 아플 수 있으나 며칠만 연습하면 쉽게 몸에 익힐 수 있다.

시선은 정면을 보고 무릎과 허리를 편 상태로 클럽을 들어올린다.

등이 구부러지지 않게 주의하고 힙을 뒤로 빼 상체를 앞으로 구부린다. 시선은 볼을 보고 클럽 헤드는 볼 뒤에 놓는다. 이때 허벅지가 당기는 느낌이 들면 정상이다.

등이 구부러지지 않게 상체를 앞으로 숙이며 클럽 헤드를 볼 뒤에 놓는다.

키와는 상관없이 무릎을 약간 구부리는 것이 이상적인 모습이므로 거울을 보면서 적당하게 굽히는 자세를 잡아보도록 한다.

힙을 위로 올리고 무릎을 살짝 구부려 체중을 6 : 4 정도로 발 앞에 둔다.

올바른 어드레스의 자세

1. 올바른 자세가 되려면 등의 축이 곧게 펴져 있어야 한다.

2. 어깨, 힙, 허벅지, 발끝이 모두 볼을 보낼 방향과 수평을 이루어야 한다.

스윙

백스윙

백스윙은 새총을 쏘기 위해 고무줄을 잡아당기는 것과 같은
원리이다. 고무줄을 팽팽히 잡아당겨야 돌이 멀리 날아가듯이,
백스윙 시 몸에 팽팽한 긴장감이 생겨야 볼을 똑바로 멀리 날려
보낼 수가 있다.

백스윙은 테이크 어웨이, 백스윙, 백스윙 톱의 3단계로 나눌 수가 있다.

3단계로 나누는 이유는 올바르게 팔과 클럽
이 지나가는 길을 익히기 위해서이다.

새총을 V자 모양으로 똑바로 잡아당겨야 양
쪽 고무줄 균형이 맞아 똑바로 돌이 날아가듯
이 백스윙도 가는 길을 잘 익혀 두어야 볼을
똑바로 보낼 수 있다.

어린 아이는 팔이나 몸에
힘이 없기 때문에 손목을
잘 활용하여 파워를 극대
화하는 데 주력한다.

🌑 테이크 어웨이

테이크 어웨이는 백스윙을 만들기 위한 첫 번째 과정이다. 테이크 어웨이만 잘 된다면 하프 스윙이나 백스윙 톱은 큰 문제가 없다. 프로 선수들은 볼을 치기 전에 테이크 어웨이가 잘 되는지를 확인하고 스윙을 시작하는 경우가 많다.

팔로만 들지 말고 어깨를 돌리며 몸통을 이용해 스윙을 하고 하체는 고정시키도록 한다. 최대한 길게 그리고 낮게 경사를 따라 스윙을 시작한다. 샤프트는 지면과 수평하게 하고 타깃 방향을 향하게 한다. 양팔은 어드레스 때 만들어진 삼각형을 그대로 유지하고 양쪽 겨드랑이는 몸에서 떨어지지 않게 주의한다. 오른팔은 왼팔보다 위에 있어야 하고 손등은 정면을 보게 한다.

1 지면과 샤프트가 수평이 되게 한다.
2 양팔이 어드레스 모양과 같게 한다.
3 오른쪽 팔이 위로 올라오게 한다.

하체를 고정시키고 손등이 정면을 보게 한다.

하프 스윙은 백 스윙 시 팔이 지면과 수평이 될 때를 말한다.

샤프트의 방향이 〈사진 1〉과 같이 타깃을 향해야 올바른 백스윙이 된 것이다. 스윙 시작부터 샤프트가 오른쪽을 향하게 되면 백스윙 톱에서 오른쪽 팔꿈치가 너무 내려와 볼을 똑바로 보낼 수 없게 된다.

샤프트가 타깃 방향을 보게 한다.

샤프트가 오른쪽을 향하지 않게 한다.

⚪ 백스윙

백스윙에서 가장 중요한 것은 몸과 팔이 하나가 돼서 움직이는 것이다.

테이크 어웨이에서 어깨를 조금 더 돌려 팔이 지면과 평행되게 하고 클럽과 팔은 90도 정도 되게 한다. 힘이 없는 아이들은 손목을 최대한 활용해야만 거리도 멀리 나가고 스윙도 쉽게 할 수 있다. 샤프트 끝은 볼을 향하게 하고 시선은 볼을 보고 있어야 한다. 체중은 오른쪽으로 이동시키고 오른쪽 팔꿈치는 벌어지지 않게 하며, 왼쪽 팔꿈치는 지면을 보게 한다.

1 팔이 지면과 수평이 되게 한다.   측면에서 샤프트의 연장선이 볼을 향하도록 한다.
2 시선은 볼을 본다.
3 클럽과 팔 사이의 각도가 90도가 되게 한다.

어드레스 때 샤프트 기울기가 하프 스윙에서의 샤프트 기울기와 같아야 한다.

● 백스윙 톱

백스윙 톱에서는 몸이 최대한 꼬여져 있는 느낌이 들어야 한다.

일반적으로 성인 아마추어 골퍼들의 경우에는 몸이 유연하지 않기 때문에 100% 스윙을 하지 않고 70~80% 스윙만 할 수 밖에 없지만, 어린 학생들의 경우에는 몸이 유연하기 때문에 100% 스윙을 하는 것이 좋다.

100% 스윙을 하더라도 하체의 회전이 너무 많으면 안 된다. 타이거 우즈는 백스윙 시 골반의 회전이 30도 정도 된다. 반면 일반 아마추어들의 회전은 45도 정도 돌아간다.

타이거 우즈가 볼을 멀리 보내고 방향성이 좋은 이유는 유연성이 좋아 하체 움직임을 적게 하면서 스윙을 하기 때문이다. 골프를 일찍 시작한 주니어 골퍼들은 열심히 한다면 타이거 우즈와 같은 스윙을 충분히 할 수 있다.

백스윙에서의 손목 모양을 그대로 유지하고 어깨 회전만 조금 더해 주면 된다. 그리고 샤프트가 지면과 수평할 정도면 가장 좋다. 그러나 보통 볼을 세게 치려는 마음때문에 스윙이 오버되는 경우가 많다. 그렇게 되면 오히려 힘을 더 쓸 수 없으므로 주의하여야 한다. 체중은 오른발에 90% 정도 다 이동시킨다.

1 샤프트는 지면과 수평이 되게 하고 타깃 방향을 향하게 한다.
2 오른쪽 무릎은 어드레스 때와 같은 위치로 고정시켜 주고 왼쪽 무릎은 자연스럽게 오른쪽으로 이동한다.
3 체중은 오른발에 90% 정도 실어 준다.
4 어드레스 때의 척추 각을 유지시켜 준다.

왼쪽 어깨를 오른쪽 발등까지 오게 하여 오른쪽 등이 보일 정도로 어깨 회전을 한다. 샤프트가 지면과 수평할 정도면 가장 좋다. 그러나 보통 볼을 세게 치려는 마음으로 스윙이 오버되는 경우가 많다. 그렇게 되면 오히려 힘을 더 쓸 수 없기 때문에 주의해야 한다. 오른쪽 무릎은 어드레스 때와 같은 위치로 고정시켜 주고 왼쪽 무릎은 자연스럽게 오른쪽으로 이동한다. 체중은 오른발에 90% 정도만 이동시킨다.

백스윙 시 오른쪽 무릎을 고정시킨다.

90%　　10%

백스윙에서 손목을 유지하고 어깨만 회전시켜 백스윙 톱을 만든다.

다음의 〈사진 1〉과 같이 샤프트가 오른쪽을 가리키고 클럽 헤드가 머리쪽으로 오게 되면 체중이 앞으로 쏠려 볼은 오른쪽으로 날아가거나 뒤땅을 치게 된다. 〈사진 2〉와 같이 샤프트가 왼쪽을 가리키고 클럽 헤드가 머리 뒤쪽으로 오게 되면 몸이 일어서게 되어 볼은 왼쪽으로 날아가거나 토핑을 치게 된다.

뒤땅은 볼보다 땅을 먼저 치게 되어 볼이 바로 앞에 떨어지는 샷 토핑은 볼의 윗부분을 치게 되어 볼이 낮게 굴러가는 샷

클럽 헤드가 머리쪽으로 오지 않게 한다.

몸이 일어서면서 뒤로 넘어가지 않게 한다.

🌸 다운스윙

🔵 다운스윙 하는 방법

다운스윙에서 가장 중요한 것은 빠르지 않고 여유 있게 스윙을 시작하는 것이다.
스윙이 빠르게 내려오면 리듬감이 좋지 않아 정확하게 볼을 칠 수가 없다.

백스윙을 시작할 때는 클럽 헤드 – 손 – 어깨 – 허리 – 다리 순서로 몸이 움직여야 하고, 다운스윙 때는 역순으로 다리 – 허리 – 어깨 – 손 – 클럽 헤드 순서대로 움직여야 스윙 속도가 빨라져 볼을 멀리 보낼 수 있다. 이때 체중도 오른발에서 왼발로 이동시켜 준다.

오른쪽으로 옮긴 체중을 왼쪽으로 이동시키는 것으로 시작한다.

손이 허리까지 왔을 때 샤프트는 지면과 수평이 되게 한다.

다운스윙이 시작될 때 허리를 먼저 돌려 주지 못하고 팔로 스윙이 시작되면 〈사진 2〉와 같이 몸으로 붙어서 내려오지 못하고 팔과 클럽이 따로 놀아 볼이 똑바로 갈 수가 없게 된다. 오른쪽 팔꿈치는 오른쪽 옆구리에 붙여서 내려오게 한다. 손목이 백스윙 톱에서의 모양을 유지하여 팔이 허리까지 왔을 때 샤프트는 지면과 수평하게 된다.

오른쪽 팔꿈치가 옆구리를 스치고 지나가게 한다.   팔로 다운스윙을 시작한 경우이다.

🌸 임팩트

　골프는 정지해 있는 볼을 골프채를 이용해서 자신이
보내고자 하는 방향으로 보내는 운동이다. 따라서 골프에
서 가장 중요한 때는 볼이 맞는 순간이라 할 수 있다.

　볼이 맞는 순간만 일정하고 정확하게 조절할 수 있다면
매우 좋을 것이다. 하지만 정확한 임팩트를 지속적으로 유지하기 위해서는 오랜 연습
과 끊임없는 레슨을 받지 않고서는 매우 힘든 일이다. 그립, 어드레스, 스윙을 배우고
연습하는 이유도 결국은 일정한 임팩트를 만들기 위함임을 알아두자.

🔵 임팩트 방법

볼이 맞는 순간 클럽 헤드보다 손이 앞으로 나와 있어야 하고 왼손등은 볼을 보내고자 하는 타깃 방향을 보게 한다. 왼쪽 무릎은 펴 주어 벽을 만들어 주고 오른쪽 무릎은 왼쪽으로 살짝 눌러 주는 느낌으로 한다. 이때 체중은 왼발에 90% 실어 주어야 최대의 파워를 낼 수 있다.

힙은 어드레스 때와 같이 볼쪽을 보는 게 아니고 왼쪽으로 조금 돌려 주어야 하며 오른발은 엄지발가락만 땅에 닿게 한다. 오른쪽 어깨도 어드레스 때보다 조금 내려가 있게 한다.

손등이 타깃 방향을 보게 한다.

체중 90%

시선은 끝까지 볼을 보고 있어야 한다. 임팩트 때 볼을 본다는 것이 가장 쉬우면서도 어려운 일이다.

1 볼이 맞는 순간 두 손이 클럽 헤드보다 앞에 있어야 한다.
2 왼쪽 무릎은 펴 주고 직각으로 벽을 만들어 준다.

임팩트 순간 오른쪽 발바닥이 어떻게 지면에서 떨어지는지가 상당히 중요하다. 〈사진 1〉에서처럼 오른쪽 무릎을 왼쪽 무릎 방향으로 눌러 준다는 느낌으로 한다. 엄지발가락은 지면에 닿아 있고 발 바깥쪽이 떨어지게 한다.

오른쪽 발바닥은 엄지발가락만 지면에 닿고 발 바깥쪽이 떨어지게 한다.

1 힙은 30도 정도, 양어깨는 5도 정도로 하고, 힙이 어깨보다 더 돌아가 있어야 파워가 생긴다.
2 오른쪽 어깨가 어드레스 때보다 조금 더 내려가 있으면 된다.

🌸 팔로 스루

볼이 클럽에 맞고 앞으로 나가는 동작이다. 볼이 맞은 다음 팔과 클럽 헤드가 어떻게 움직여 주느냐에 따라서 볼이 날아가는 방향과 거리가 결정된다.

양팔을 길게 사용하여 원을 크게 만든다면 파워도 훨씬 좋아져 볼이 멀리 날아갈 것이다.

예를 들어 짧은 실에 추를 매단 것과 긴 실에 추를 매단 것이 있다. 둘 중 어떤 실에 매달린 추에 맞는 것이 더 아플까? 당연히 긴 실에 달린 추에 맞는 것이 더 아플 것이다. 그만큼 실이 길면 원심력이 많이 생겨 힘이 좋아지기 때문이다.

이와 같이 스윙에서도 팔을 길게 사용하여 큰 원을 만든다면 원심력이 많이 생겨 볼을 멀리 보낼 수 있게 되는 것이다.

🌑 팔로 스루 하는 방법

테이크 어웨이 때와 마찬가지로 샤프트는 지면과 수평이 되게 한다. 〈사진 2〉와 같이 손목을 사용해 퍼 올리듯이 손목이 꺾이지 않게 주의한다. 왼팔과 오른팔은 구부러지지 않게 하고 그립의 끝은 배꼽을 가리키게 한다. 머리는 볼이 있던 자리보다 뒤에 있어야 한다.

1 샤프트가 지면과 수평이 되게 한다.
2 오른팔과 왼팔을 교차시킨다.

왼쪽 손목이 꺾이지 않게 주의한다.

왼손바닥은 하늘을 보게 하고 오른손바닥과 클럽 헤드는 지면을 보고 있어야 파워도 생기고 볼도 똑바로 갈 수 있다. 다음의 〈사진 2〉에서처럼 클럽 헤드가 하늘을 보고 있으면 볼은 내가 보내려고 하는 곳보다 오른쪽으로 날아가게 될 것이다. 샤프트도 볼을 보내려는 방향을 가리키게 하고 클럽을 던진다는 느낌으로 스윙한다.

왼손바닥은 하늘을 보게 하고 오른손바닥은 지면을 보도록 손목을 돌려 준다.

클럽 헤드가 하늘을 보지 않게 한다.

〈사진2〉와 같이 스윙 때 팔만 사용하여 클럽이 너무 몸쪽으로 들어오게 되면 볼은 왼쪽으로 가게 된다.

〈사진3〉과 같이 왼팔의 팔꿈치를 당겨 샤프트가 하늘을 보게 된다면 볼은 오른쪽으로 날아가고 거리도 많이 손해를 보게 된다.

볼은 왼쪽으로 날아간다.

볼은 오른쪽으로 날아간다.

🌸 피니시

볼을 치고 난 후의 마지막 동작을 말한다.

  올바른 동작으로 백스윙과 다운스윙을 했어도 피니시의 자세
가 올바르지 않으면 볼을 원하는 방향으로 보낼 수 없다. 피니시
의 모양만 보아도 볼이 어디로 날아갔는지 짐작할 수 있고 그 사람
의 골프 실력도 알 수가 있다. 특히 주니어들은 유연성이 좋기 때문에 최대한의 피니
시를 하는 것이 좋다.

◗ 피니시 하는 방법

배꼽은 볼을 보내려는 타깃 방향을 보게 하고 양쪽 어깨는 왼쪽을 보게 한다. 배는 조금 내밀어 어깨가 뒤로 오게 한다. 만약 어깨가 배보다 앞으로 나간다면 균형 잡기도 힘들고 볼은 왼쪽으로 가게 된다.

오른발 뒤꿈치는 발가락보다 앞으로 밀어 완전히 세워 준다. 이때 오른발을 들을

체중 100%

1 배꼽은 볼을 보낼 방향을 보게 한다.
2 상체는 왼쪽을 보게 한다.

1 배를 앞쪽으로 조금 내밀어 어깨가 배보다 뒤로 오게 한다.
2 체중은 100% 왼발에 오게 한다.

수 있을 정도로 체중을 왼발에 100% 실어 준다. 시선은 볼을 보내려고 하는 곳을 보며, 샤프트는 목 중간으로 오게 한다. 오른쪽 발바닥은 정면을 보게 하고 옆으로 돌아가지 않게 90도로 세운다. 〈사진 2〉와 같이 샤프트가 등에 닿고 지면을 보게 되면 볼은 오른쪽으로 날아가게 된다.

1 발바닥을 90도로 세운다.
2 샤프트가 목 중간에 닿게 한다.

샤프트가 너무 밑으로 내려오지 않게 주의한다.

Part 4

어프로치샷

어프로치샷

그린을 향해서 치는 샷이나 홀컵을 향해서 바로 치는 샷을 어프로치라 한다. 골프 스코어를 낮출 수 있는 방법은 쇼트 게임을 잘하는 것이다. 70야드 이내의 어프로치만 잘한다면 스코어는 금방 떨어진다. 프로들이 어프로치 연습에 상당히 많은 시간을 투자하는 데 그만큼 중요하고 스코어에 가장 큰 영향을 미치기 때문이다.

어프로치샷은 기계적인 스윙보다 동물적인 감각이 더 중요하다. 연습량을 많이 하다 보면 분명히 좋아질 것이다. 연습장에서 어프로치를 연습할 때에는 10m 단위로 나누어 연습하는 것이 효과적이다. 어프로치는 크게 칩샷과 피치샷 두 종류로 나눌 수 있다.

🌸 칩샷

그린 주변에서 칠 수 있는 가장 쉽고 안전한 방법으로 볼을 홀컵에 가깝게 붙일 수 있는 샷이다. 그린 주위에서 볼을 손으로 굴려서 홀컵 가깝게 붙여 보고 높게 띄워 홀컵에 붙여 보자. 굴리는 것이 훨씬 홀컵에 가깝게 붙을 것이다.

로프트란 클럽 헤드의 면과 지면과의 각도를 말한다.

칩샷은 이와 같이 볼이 공중에 떠서 날아가는 거리보다 굴러서 가는 거리를 길게 하는 샷이다. 볼을 굴려서 보내기 위해서는 클럽의 로프트를 세우거나 로프트가 세워져 있는 9, 8, 7번 아이언을 사용하는 방법도 있다. 그린 주위에서 볼이 지나갈 자리의 잔디 상태가 좋다면 칩샷을 하는 것이 좋다.

● 어드레스

　거리에 따라 스탠스를 좁게 하고 왼발은 오픈시킨다. 왼발을 오픈시키면 방향성이 좋아진다. 볼을 굴리려면 오른발 쪽에 볼을 놓는 것이 좋다. 그립은 짧게 잡고 양손은 볼보다 왼쪽에 놓는다. 무릎은 약간 구부려 주고 체중은 7 : 3 정도로 왼발에 더 실어 준다.

30%　　70%

1 스탠스를 좁게 서고 왼발을 살짝 오픈시킨다.
2 볼은 오른발 쪽에 놓는다.
3 그립은 약간 밑으로 내려 잡는다.
4 양손은 볼보다 왼쪽에 놓는다.
5 무릎은 약간 구부려 준다.
6 체중은 왼발에 7, 오른발에 3 정도로 왼발에 중심을 둔다.

🔵 백스윙

볼이 지나갈 길을 상상하고 볼을 어디에 떨어뜨릴지 결정한다. 떨어뜨릴 곳을 정하지 않고 홀컵만 보고 바로 친다면 볼은 홀컵을 많이 지나치게 된다. 팔로 들지 말고 양쪽 어깨로 스윙을 시작한다.

> 백스윙 때 클럽 페이스가 닫히게 되면 탑스핀이 생겨 볼이 많이 굴러가게 된다.

클럽을 약간 바깥쪽으로 빼되 클럽 페이스가 열리지 않게 한다.

손목 코킹을 하지 말고 클럽 헤드를 지면쪽으로 낮게 스윙한다. 손목 코킹을 많이 하여 스윙이 가파르게 올라가면 볼은 높이 뜨게 된다. 클럽을 약간 바깥쪽으로 빼고 클럽 페이스가 열리지 않게 주의한다. 체중이동을 하지 말고 어드레스 때 왼발에 있는 체중을 그대로 유지한다.

1 양쪽 어깨로 스윙을 시작한다.
2 클럽 헤드가 지면쪽을 향하도록 낮게 한다.

3 손목 코킹을 하지 않는다.
4 어드레스 때 왼발에 놓았던 체중을 그대로 유지한다.

● 다운스윙

　손목을 유지하고 다운스윙을 한다. 볼이 맞는 순간 볼의 위치보다 양손이 앞에 있어
야 한다. 왼쪽 손목이 꺾이지 않게 하고 왼손등은 타깃 방향을 보게 한다. 볼을 먼저
친 후 땅을 치게 하고 클럽 페이스는 하늘을 보게 한다. 볼을 친다고 생각하지 말고 타
깃 방향으로 그대로 밀고 나간다고 생각하면서 스윙한다.

손목을 유지하고 다운스윙을 한다.

볼이 맞는 순간 볼의 위치보다 양손이 앞에 있어
야 하고 왼쪽 손목은 꺾이지 않게 한다.

클럽 페이스는 하늘을 보게 한다.

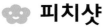 **피치샷**

러프 상황이나 벙커 또는 장애물을 넘길 수 있도록 볼을 높게 띄워서 핀에 가깝게 붙이는 방법이다. 볼이 굴러가는 거리보다 공중에 떠 가는 거리가 더 많은 것이 피치샷이다.

클럽 선택도 피칭웨지, 샌드웨지를 사용하는 것이 좋다. 완벽한 피치샷을 원한다면 스윙 크기에 따른 거리 파악을 잘하면 된다. 이를 위해서는 레슨도 중요하지만 많은 연습을 통해 스스로 터득하는 것이 가장 좋은 방법이다.

● 어드레스

스탠스는 칩샷 때보다 조금 더 넓게 서고 오픈 스탠스로 한다. 골반도 타깃 방향으로 조금 돌려 준다. 볼은 스탠스의 중앙에 놓고 양손은 볼보다 약간 왼쪽에 놓는다.

정확하게 볼을 치기 위해서 클럽을 짧게 잡고 팔을 자연스럽게 내려뜨려서 그립을 잡는다. 무릎을 약간 구부리고 체중은 5:5로 놓는다.

1 스탠스는 칩샷 때보다는 조금 넓게 서고 오픈 스탠스를 한다.
2 볼의 위치는 스탠스 중앙에 놓는다.
3 그립은 약간 밑으로 잡는다.
4 양손의 위치는 볼보다 약간 왼쪽에 놓는다.
5 무릎은 약간 구부려 준다.
6 체중은 양발에 5:5로 놓는다.

● 백스윙

타깃 방향과 볼을 어디에 떨어뜨릴지 결정한다. 떨어뜨릴 곳을 정하지 않고 홀컵만 보고 바로 치면 볼은 홀컵을 많이 지나치게 된다. 클럽 헤드를 먼저 움직이고 손목 코킹을 많이 해 준다.

클럽 헤드를 하늘을 향해 올린다고 생각하고 가파르게 직각으로 올린다. 체중이동은 의식하지 말고 자연스럽게 따라간다.

클럽 헤드를 하늘을 향해 가파르게 백스윙한다.

클럽 헤드를 먼저 움직인다.

손목 코킹을 많이 해 준다.

● 다운스윙

칩샷보다 클럽 헤드감을 많이 느끼며 리듬감을 가지고 스윙한다. 자신감을 가지고 스윙을 하되 빠르게는 하지 말아야 한다.

백스윙에서의 손목 코킹을 유지하면서 다운스윙 해야 한다. 볼이 맞는 순간 볼보다 손이 앞에 있어야 하고 시선은 볼을 향한다. 왼쪽 손목이 꺾여 퍼 올리지 말아야 한다.

손목 코킹을 유지하고 다운스윙을 한다.

볼이 맞는 순간 볼의 위치보다 양손이 앞에 있어 야 한다.

벙커샷

벙커샷

벙커란 코스 내의 모래 웅덩이로 만들어진 장애물을 말한다. 많은 골퍼들이 가장 부담스러워 하는 샷이기도 하다. 특히 힘이 없는 어린 아이나 여자들은 모래를 치고 나가 주는 힘이 없기 때문에 더더욱 어려워한다.

홀컵에 가깝게 붙이는 건 고사하고 한 타만에 빠져 나오기만 해도 다행이라고 생각한다.

그러나 프로들은 잔디에서 어려운 라이에 있는 볼보다 벙커샷이 더 편하게 느껴진다. 볼의 2~3cm 뒤 모래를 자신있게 치고 피니시만 해주면 된다. 그러나 대부분 볼만 치고 피니시를 하지 않기 때문에 볼은 벙커에서 나오질 못하게 되는 것이다.

모래에서 몇 번 연습하고 감만 익힌다면 누구나 쉽게 벙커에서 탈출할 수 있게 된다.

그린 주변 벙커샷

1. 어떻게 탈출할지 상상한다.

2. 두 발이 움직이지 않을 정도로
   모래에 발을 묻는다.

3. 체중은 양발에 5:5로 놓고 볼은 왼발
   뒤꿈치쪽에 놓는다.

4. 클럽 헤드가 모래에 닿지 않게 주의한
   다(모래에 닿으면 1벌타 받는다).

1 스탠스 뿐만 아니라 몸 전체를 타깃 방향보다 왼쪽 방향
   으로 선다.
2 클럽 페이스가 타깃보다 오른쪽으로 향하게 오픈시킨다.
3 스탠스를 어깨 넓이보다 조금 넓게 선다.

스윙을 조금 빨리 하여 리듬감 있고
자신감 있게 한다.

백스윙 때 팔로만 들지 말고 어깨 회전도 한다.

손목 코킹을 빨리 하여 클럽이
가파르게 올라가게 한다.

Part 5 벙커샷

스윙을 자신있게 하고 볼 뒤에 2~3cm 모래를 친다. 볼보다 클럽 헤드가 먼저 빠져나가게 한다.

모래를 퍼 올린다고 생각하고 시선은 볼이 있던 자리를 향한다.

피니시를 반드시 해 준다.

클럽 페이스를 오픈시키고 볼을 타깃 방향보다 왼쪽을 보고 선다.

백스윙을 가파르게 들어올린다.

거리 조절은 잔디에서 볼을 칠 때의 3배 정도 세게 치면 된다.

볼은 바로 치지 말고 2~3cm 뒤 모래를 친다.

백스윙보다 치고 나서의 스윙을 더 크게 한다. 그래야만 모래를 퍼내면서 볼이 날아갈 수 있다

피니시를 해 주어야 벙커에서 탈출할 수 있다.

Part 6

퍼팅

그린 위에서 볼을 홀에 넣기 위해 퍼터를 이용하여 굴려 넣는 방법이다. 통계적으로 볼 때 퍼팅이 전체 스코어의 43%를 차지한다고 한다. 주니어들의 경우 거리가 많이 나오지 않기 때문에 골프 스코어를 줄일 수 있는 방법은 퍼팅 실력을 향상시켜 실수를 최대한 줄이는 것이다. 특히 퍼팅은 각각의 개성과 스타일에 따라 각각 잡는 그립의 수도 많고 어드레스하는 방법도 다양하다는 것을 알아두자.

● 그립의 종류

그립의 종류는 너무나 많다. 그립을 어떻게 잡느냐에 따라 거리감이나 방향성에서 조금씩 차이가 있다. 보통 처음 퍼팅을 배울 때 프로들이 가장 많이 가르치는 방법이 〈사진 2〉의 방법이다.

1

오른손을 위로 잡고 왼손은 밑으로 잡는 그립

손목이 꺾이지 않아 짧은 퍼팅은 좋지만 거리감을 맞추기가 어려운 단점이 있다.

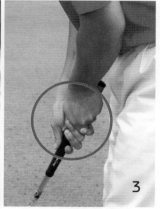

2

왼손을 위로, 오른손은 밑으로 잡고 왼손 두 번째 손가락을 오른손 손가락에 올리는 그립

손목이 꺾이지 않아 방향성도 좋고 거리감도 맞추기 쉬워 가장 많이 잡는 방법이다.

3

골프 스윙하듯이 (오버래핑) 잡는 그립

손목이 꺾일 수 있기 때문에 방향성은 좋지 않으나 거리감은 좋다.

● 가장 기본적인 그립으로 퍼팅하기

손이 아주 작은 어린 아이의 경우는 스윙할 때와 같은 그립으로 잡는 것이 좋다.

1. 왼손 엄지를 그립의 편평한 면에 일자로 놓는다.
2. 두 번째 손가락은 일자로 편다.
3. 오른손 새끼손가락이 왼손 세 번째 손가락에 닿을 정도로 올려 잡는다.
4. 오른손 엄지를 왼손 엄지와 같이 일직선으로 잡는다.
5. 왼손 두 번째 손가락을 오른손가락 위로 올린다.

* 양손바닥이 박수를 칠 때와 같이 마주 보게 한다.

양손은 길게 잡는 것이 좋다(왜? 손목이 꺾이는 것을 방지하기 위해서!).

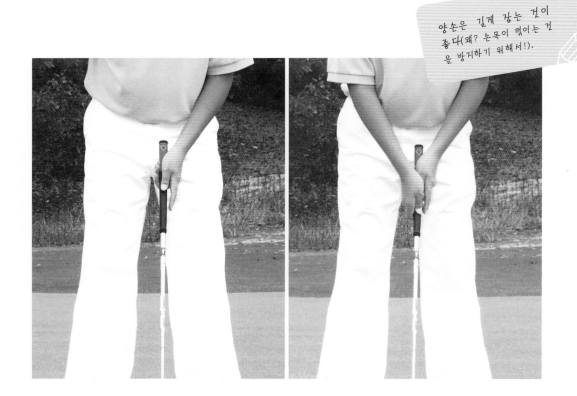

볼 앞에 서기

볼 앞에 섰을 때 가장 먼저 몸의 긴장을 풀어야 한다. 긴장을 하게 되면 몸이 경직되어 볼을 보내고자 하는 방향으로 보낼 수가 없기 때문이다.

1 양발은 어깨 넓이보다 조금 좁게 서고 체중은 왼발에 7 : 3 정도로 더 둔다(체중을 왼발에 두는 이유는 체중이동을 하지 않기 위해서이다).

2 볼을 놓는 위치는 양발 중앙에서 볼 하나 정도 사이를 두고 왼쪽에 놓는다(클럽 헤드가 올라가는 시점에 볼을 맞추어 앞으로 굴러가는 스핀을 위해서이다).

3 볼과의 간격은 어드레스 했을 때 왼쪽 눈의 위치에 놓는다(볼을 보내고자 하는 길을 가장 정확히 볼 수 있는 위치이다).

🏐 어드레스

올바른 어드레스는 좋은 스윙을 만들기 위한 가장 기본이다.

퍼팅하는 방법은 여러 가지가 있지만 몸을 편하고 자연스럽게 만들어 주어야 한다.
그러나 어떤 자세건 어깨, 힙, 스탠스는 타깃 방향과 수평이 되게 한다. 몸의 방향이
타깃 방향과 같아야만 내가 보내고자 하는 곳에 볼을 보낼 수 있기 때문이다(어깨가 왼
쪽을 보면 왼쪽으로 당겨지고 오른쪽을 보면 밀어치게 되어 오른쪽으로 간다).

스윙할 때보다 상체를 더 구부려 체중을 앞으로 오게 하고 무릎은 살짝 구부려 준다. 우리 나라에서는 보통 남자는 34인치, 여자는 33인치 퍼터를 많이 쓴다. 그러나 미국 PGA 프로들의 평균 퍼터의 길이는 33.5인치라고 한다. 긴 퍼터보다는 짧은 퍼터를 사용하는 것이 대체적으로 정확성이 좋다.

스윙하는 기계를 만들어 실험한 결과 몸의 등축과 클럽의 샤프트가 90도가 됐을 때 볼이 가장 정확하게 간다고 한다.

양쪽 어깨가 왼쪽을 보게 되면 볼은 왼쪽으로 갈 확률이 높다.

양쪽 어깨가 오른쪽을 보게 되면 볼은 오른쪽으로 갈 확률이 높다.

체중은 발 앞으로 오게 하고 그립을 잡은 손은 볼보다 왼쪽으로 오게 하여 클럽의 페이스가 보이지 않게 세워 준다. 클럽 페이스를 세워 주어야 손목을 덜 사용하고 퍼 올리는 스윙을 예방할 수 있기 때문이다.

체중이 발 앞에 있어야 일정한 스트로크를 할 수 있다. 왼쪽 손목이 위로 올라오게 한다(볼을 칠 때 손목이 꺾 이는 것을 방지한다).

양팔을 오각형으로 만든다(볼을 칠 때 오각형을 유지하 면 팔이 아닌 어깨로 움직일 수 있다).

● 볼 치기

골프 스윙은 어깨를 좌우로 움직이는 회전운동이지만 퍼팅은 어깨를 위 아래로 움직이는 수직운동이다. 하체를 고정시키고 양쪽 겨드랑이에 클럽을 끼워 클럽이 위 아래로 움직이도록 한다.

양팔의 오각형과 손목의 모양은 그대로 유지하고 어깨로만 움직인다.

이 연습을 충분히 한다면 아주 좋은 퍼팅 실력을 가질 수 있게 될 것이다.

어깨가 위 아래로 움직이게 한다.

● 백스윙보다 팔로 스루를 더 길게 하기

볼이 맞기 전과 맞고 난 후의 비율을 1 : 2로 한다. 백스윙을 10cm 간다면 팔로 스루는 20cm 하는 것이 좋다. 백스윙이 너무 많이 가게 되면 퍼터가 흔들려 볼을 정확히 치기가 힘들고 속도도 일정할 수가 없다.

따라서 볼을 맞춘 후 자신이 보내려는 방향으로 클럽 헤드를 길게 밀어 준다면 내가 보내려는 방향으로 정확히 보낼 확률은 훨씬 높아질 것이다.

🔵 짧은 퍼팅 연습 방법

1m 퍼팅을 성공하지 못한다면 절대로 좋은 스코어를 기대할 수 없다. 3퍼팅을 많이 하는 이유는 짧은 퍼팅에서 자신감이 없어 실수를 많이 하기 때문이다.

짧은 퍼팅을 잘 하려면 충분한 연습을 통해 자신감을 갖는 것이 무엇보다도 중요하다.

홀컵을 중심으로 동그랗게 원을 그려 여러 개 볼을 놓고 반복적으로 연습한다.

이때 하나하나 신중하게 퍼팅하여 놓여 있는 볼을 모두 홀컵에 넣는 연습을 한다.

3퍼팅이란
그린에서 3번 만에 홀컵
에 넣는 것을 말한다.

🌑 방향성을 향상시키는 연습 방법

볼을 홀컵에 넣기 위해서는 볼을 똑바로 보낼 수 있어야 한다.

볼 두 개를 나란히 놓고 평상시처럼 퍼팅을 해 본다.

두 볼이 나란히 가면 올바르게 퍼팅이 되는 것이다.

만약 두 볼이 서로 다른 방향으로 간다면 볼이 맞는 순간 클럽 페이스가 열리거나 닫히는 것으로 볼 수 있으므로 두 볼이 나란히 가는 연습을 한다.

🏌 거리감 익히는 연습 방법

거리감을 익히는 가장 좋은 방법은 홀에서 직선상에 일정한 간격으로 볼을 놓고 홀컵에 넣는 연습을 하는 것이다. 이때, 홀컵에서 가까운 것부터 퍼팅을 하고 홀에서 멀어질수록 백스윙 크기를 조금씩 크게 하여 거리를 맞추는 연습을 한다. 한 번으로 끝내지 말고 여러 번 반복하여 시도한다면 처음보다 홀컵에 볼이 들어가는 횟수가 점점 많아질 것이다.

트러블샷

왼발이 오르막일 경우

왼발이 높은 만큼 클럽의 로프트 각이 낮아져 볼이 높게 뜨고 그만큼 거리는 손해를 본다. 이때에는 평소에 잡던 클럽보다 한 두 클럽 정도 긴 클럽을 잡는다.

어드레스에서 오른발은 펴지고 왼발은 너무 구부려지는 경우가 많은데 오른발, 왼발을 똑같이 구부려서 어깨가 지면과 평행이 되게 한다.

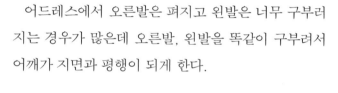

긴 클럽을 잡는 다는 것은 예를 들어 7번 아이언을 사용해야 하는 데 6번이나 5번 아이언처럼 길이가 긴 클럽을 사용한다는 말이다.

1 어깨를 지면과 수평하게 맞춘다.
2 스탠스는 약간 오픈하고 볼은 스탠스의 중앙에 놓는다.
3 몸무게는 오른발에 많이 실리게 한다.

볼이 맞는 순간 클럽은 닫혀 볼은 왼쪽으로 날아가게 된다. 똑바로 볼을 보내려 하지 말고 왼쪽으로 가는 것을 계산하여 타깃보다 약간 오른쪽을 겨냥하여 스윙한다.
풀스윙을 하지 말고 3/4 정도 스윙한다.

1 타깃보다 오른쪽을 본다.
2 백스윙은 3/4 정도만 한다.
3 오른쪽 무릎이 움직이지 않도록 주의한다.
4 어드레스 때의 체중을 그대로 유지한다.

경사면을 따라 스윙해 주는 것이 중요하다. 체중이동을 하기 힘들기 때문에 하체는 고정시키고 상체만 이용하여 스윙한다. 피니시는 하지 말고 사진처럼 하프 스윙만 한다.

1 다운스윙 때 체중이동을 하지 않고 어깨 회전만으로 스윙한다.
2 경사면을 따라 그대로 스윙한다.

왼발이 내리막일 경우

왼발이 낮고 오른발이 높은 내리막 경사에서는 오른쪽이 높은 만큼 토핑이 나게 되는 경우가 많기 때문에 주의하여야 한다. 클럽은 평소 7번 아이언 거리라면 8번으로 짧게 잡는다. 어깨를 지면과 수평하게 만들기 위해 왼쪽으로 경사면 만큼 기울인다.

1 스탠스를 평소보다 넓게 하고 볼은 중앙에서 약간 오른쪽에 놓는다(경사가 가파를수록 오른쪽에 놓는다).
2 몸무게는 왼발에 많이 실리게 한다.

왼발이 낮은 경우 볼이 맞는 순간 클럽이 열려 볼이 오른쪽으로 날아가게 된다. 오른쪽으로 가는 것을 계산하여 타깃보다 약간 왼쪽을 겨냥하여 스윙한다. 손목 코킹을 빨리하고 클럽을 가파르게 들어올린다. 체중을 왼발에 놓고 이동을 시키지 않는다.

1 타깃보다 왼쪽을 본다.
2 코킹을 빨리한다.
3 체중이동을 하지 않는다.

클럽을 가파르게 올린다.

하체를 고정시키고 어깨 회전만으로 스윙한다. 경사면을 따라 그대로 스윙해 주고 피니시는 3/4 정도만 하고 체중이 왼발에 실리게 한다.

피니시를 하려고 하면 체중이 오른발로 이동되면서 몸이 일어서게 되어 볼을 정확히 칠 수가 없게 된다.

1 어깨 회전만으로 스윙하고 볼을 바로 맞춘다고 생각한다.
2 경사면을 따라 그대로 스윙한다.
3 피니시를 작게 한다.

발 앞쪽이 오르막일 경우

발의 위치보다 볼이 높게 위치한 경우 그립을 짧게 잡고 한두 클럽 크게 잡는다. 스탠스는 평소보다 넓게 하는 것이 좋다. 스탠스가 넓으면 균형 잡기가 좋고 하체의 움직임이 작아져 상체를 이용한 스윙을 할 수가 있다.

볼이 올라와 있는 만큼
그립을 짧게 잡는다.

1 체중은 5:5로 균등하게 놓는다.
2 스탠스는 넓게 선다.
3 무릎은 평소보다 펴 준다.
4 볼은 몸의 가운데로 놓는다.

볼이 발보다 높을 때에는 볼이 맞는 순간 클럽이 닫혀 왼쪽으로 날아가게 된다. 왼쪽으로 가는 것을 계산하여 타깃보다 오른쪽을 겨냥하여 스윙한다. 스윙은 가파르게 올리지 말고 야구 스윙하듯이 편평하게 한다.

1 타깃보다 오른쪽을 본다.
2 왼발은 오픈시킨다.
3 야구 스윙하듯이 편평하게 들어올린다.

풀 스윙보다는 평소의 80%만 스윙하는 것이 좋다. 하체는 사용하지 말고 상체를 이용해서 스윙한다.

볼이 높은 경우 뒤땅을 많이 치는데 임팩트 순간 땅이 닿지 않게 볼만 친다는 느낌으로 스윙하면 뒤땅을 예방할 수 있다.

1 눈과 볼의 간격을 유지한다.
2 상체로만 스윙한다.
3 피니시도 80%만 한다.

볼이 **발보다** 아래에 있는 **경우**

볼이 발보다 아래에 있는 경우 100% 스윙을 할 수 없기 때문에 한 클럽 크게 잡는 것이 좋다. 어드레스 때 의자에 앉아 있다는 느낌으로 하고 볼은 중앙에 놓는다. 스탠스를 넓게 서고 상체를 많이 숙여 준다.

1 힙을 뒤로 빼고 상체를 많이 숙여 준다.
2 볼은 발과 발 사이 중앙에 오게 한다.
3 체중은 양발에 균등하게 놓는다.
4 스탠스를 넓게 선다.

볼이 발보다 아래에 있을 때는 볼이 맞는 순간 클럽이 오픈되어 볼은 오른쪽으로 날아간다. 오른쪽으로 날아가는 것을 계산하여 목표보다 왼쪽을 겨냥하여 스윙한다. 백스윙을 가파르게 들어올려 위에서 아래로 클럽 헤드를 떨어뜨린다는 느낌으로 스윙한다.

1 타깃 방향보다 왼쪽을 본다.
2 의자에 앉아 있다고 생각하고 어드레스 한다.
3 백스윙을 가파르게 들어올린다.

Part 7 트러블샷

볼이 발보다 아래인
경우 임팩트 순간
몸이 들려 토핑을
많이 치게 된다.

　하체를 고정시키고 어드레스 때처
럼 의자에 앉아 있다고 생각하고 스
윙한다. 3/4 스윙을 하고 피니시는
하지 않는다. 눈과 볼 사이 거리를
유지시키고 머리는 끝까지 볼이 있
던 자리를 본다.

1 체중이 앞으로 쏠리지 않게 주의한다.
2 상체로만 스윙한다.
3 백스윙을 가파르게 들어올린다.

Part 8

국내 시합 및
골프로 대학 가기

국가대표 및 상비군 되는 방법

골프 국가대표 상비군이 되려면

골프 국가대표 상비군이 되면 많은 혜택을 받을 수 있다. 골프 특기생으로 대학진학을 할 수도 있고, 체계적인 훈련을 받을 수도 있으며, 골프 교육에 드는 경비도 절약할 수 있다. 무엇보다 골프 강국인 우리 나라에서 수많은 선수들 중에 최고가 된다는 것이기 때문에 명예로운 일이 될 것이다.

국가대표 선발 과정과 규정

아마추어 골프 국가대표와 상비군, 주니어 상비군은 대한골프협회에서 매년 10월 말~11월 초에 선발한다. 이들은 국내외 각종 대회의 권위와 비중에 따른 선발 규정상의 배점표를 기준으로 출전 성적 즉, 1년간 획득한 총 점수 순위를 근거로 '강화위원회'의 심의를 통해 최종 선발된다. 단, 이에 일치하는 조건일지라도 자질이나 품행에 문제가 있을 때에는 제외되며 점수가 부족한 선수라도 장래성이 있다고 인정되는 선수는 강화위원회의 결의에 의해 특별 선발할 수 있는 예외 규정도 있다.

골프 아마추어 대표 선발 개요

구분	학년별	남	여	계
주니어 상비군	초등학교 6년	3	3	6
	중학교 1년	3	3	6
	중학교 2년	3	3	6
	계	9	9	18
상비군	중학교 3년	3	3	6
	고등학교 1년	3	3	6
	고등학교 2년	5	5	10
	고등학교 3년	4	4	8
	대학교	6	6	12
	계	21	21	42
국가대표	학년 구분 없음	6	6	12
총계		36	36	72

1. 주니어 상비군 및 상비군 중에서 대표로 올라가는 12명(남자6, 여자6)의 선수에 대한 보충은 그 해당 학년 내에서 차순으로 선발한다.
2. 선발 인원 내라도 최소 50점 이상일 때만 선발한다.

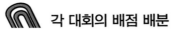 **각 대회의 배점 배분**

배점	각급 대회	비고
200점 대회	한국오픈 한국여자오픈 KGA(대한골프협회) 주최, 주관 오픈경기 아시안게임 개인전 세계아마추어선수권대회 개인전	
150점 대회	한국아마추어선수권대회 한국여자아마추어선수권대회	협회에서 인정하는 국제대회 : US아마추어, 일본아마추어, US오픈, 일본오픈
100점 대회	아-태골프팀선수권대회 개인전 퀸시리키트컵 개인전 세계대학선수권대회 개인전 송암배 아마추어골프선수권대회(초등부 포함) 전국체육대회 개인전 한국주니어(초등부 포함) 호심배 아마추어선수권대회(초등부 포함) 익성배 매경아마추어선수권대회 한국중·고 골프연맹 회장배 전국중·고등학생골프대회	
50점 대회	전국대학대회(연 4개/개인전) 전국고등학교대회(연 7개/개인전) 전국중학교대회(연 7개/개인전) 전국초등학교대회(연 2개/개인전) 제주도지사배대회(초등부 포함) 아시아주니어골프선수권대회 MBC청소년골프최강전(초등부 포함) 한미 B&B배 전국시도학생골프팀경기(개인전)	

1. 중·고등학생 선수가 중·고연맹 주최, 주관 8개 대회에 4개 대회 이상 출전하였더라도 그 중 좋은 성적을 올린 4개 대회에 한하여 점수를 부여한다.
2. KGA 대회와 경기일자가 중복되는 산하연맹대회의 포인트는 인정하지 않는다.
3. 방학기간을 제외한 기간에 개최된 대회에 3회 이상 출전한 선수는 상위 성적 3개 대회에 한해서만 상비군 성적을 부여받을 수 있다(단, 국가대표 선발포인트 규정은 현행대로 유지).

등위에 따른 배점표

점수(200점)		점수(150점)		점수(100점)		점수(50점)	
등위	배점	등위	배점	등위	배점	등위	배점
1	200	1	150	1	100	1	50
2	120	2	90	2	60	2	30
3	100	3	75	3	50	3	25
4	80	4	60	4	40	4	20
5	70	5	50	5	35	5	17
6	60	6	40	6	30	6	15
7	56	7	35	7	28	7	14
8	52	8	30	8	26	8	13
9	48	9	28	9	24	9	12
10	44	10	26	10	22	10	11
11	40	11	25	11	20		
12	38	12	24	12	18		
13	36	13	23	13	17		
14	34	14	22	14	16		
15	32	15	21	15	15		
16	30	16	20	16	14		
17	28	17	19	17	13		
18	26	18	18	18	12		
19	24	19	17	19	11		
20	22	20	16	20	10		

동순위자의 경우
동순위자는 해당점수를 합산하여 나눈다.

오픈대회의 경우
1. 컷-오프 통과자 중 종합순위 21위 이하는 최소 10점을 부여한다.
2. 아마추어 순위 1, 2, 3위에게는 30, 20, 10점의 보너스 점수를 부여한다.

대학 진학 방법

입학 절차

대학 신입생 모집 방식은 각 대학마다 자율로 선발한다. 각 대학은 한국중·고등학교골프연맹이 정한 규정에 따라 선발된 선수들이 참가했던 각종 대회기록과 입상 내역 등 관련된 자료를 토대로 각 대학별 입시 기준에 맞는 선수를 선발하게 된다. 마지막으로 이 기준에 해당하는 선수는 수능성적이 일정점수를 넘었을 때 최종 합격된다.

입학 자격

전국대회규모에서 3위 이내에 입상한 선수.

수능성적이 4백점 만점 기준에서 최저 60점 이상을 받은 선수(단 커트라인 점수는 대학별로 차이가 있다).

골프 관련학과의 취업률

골프 스포츠가 유행처럼 퍼지면서 골프 관련학과의 취업률도 높은 것으로 집계됐다. 경희대, 용인대 등의 골프 관련학과의 취업률은 100%일 정도이다. 최근에는 골프경영학과, 골프지도자학과와 같은 골프 전공자를 위한 과 뿐만 아니라 골프캐디학과, 골프산업과 등도 개설되고 있다.

골프 관련학과가 없는 대학

골프 관련학과가 없이 골프 특기생들을 뽑는 대학도 많다. 이러한 대학들은 체육학과, 생활체육학과 등에서 소수의 유명한 선수들을 특차로 선발하는 경우가 많은데, 고려대, 연세대, 성균관대, 한양대, 중앙대, 이화여대, 성신여대, 동덕여대, 경원대, 명지대, 가천의과대, 우송대 등 골프 특기생으로만 선발하는 대학도 있음을 알아두자.

전국 골프 관련학과 현황		
• 경희대학교 골프경영학과	• 용인대학교 골프학과	• 세명대학교 골프경영학과
• 건국대학교 골프지도학과	• 서울스포츠대학원대학교 골프학과	• 성화대학교 골프전공
• 경기대학교 골프지도학과	• 서라벌대학교 레저골프전공	• 안동대학교 골프전공
• 기전여자대학교 골프산업과	• 서울벤처정보대학원대학교 골프레저경영	• 주성대학교 골프경영과
• 남부대학교 골프전공		• 중부대학교 골프지도학전공
• 대불대학교 골프경영학과	• 서일대학교 골프지도과	• 제주 탐라대학교 골프시스템학과
• 목원대학교 골프전공	• 선린대학교 골프경기지도과	• 제주 한라대학교 골프전공
• 부산외국어대학교 골프지도경영학과	• 세경대학교 골프캐디전공	• 호서대학교 골프전공

골프 특기생으로 대학에 진학하지 않는 경우

한국중·고등학교골프연맹에 등록되어 있는 학생들이 모두 골프 특기자로 대학에 진학하지는 않는다. 실력이 좋아도 대학진학을 하지 않고 바로 프로로 전향하거나 유학을 가는 경우도 많기 때문이다.

골프 특기생으로 대학에 진학하지 않더라도 각 대학별로 골프부가 있기 때문에 계속해서 골프를 할 수 있다. 이런 경우 각 대회에 출전하기 위해서는 대학골프연맹에 등록해야 한다.

골프로 유학가기

골프 유학을 떠난 학생들이 세계무대에서 좋은 성적을 내면서부터 골프 유학을 준비하는 주니어 골프 선수들이 늘어나는 추세다.

2000년도에는 각 나라별로 100여 명 정도가 골프 유학길에 올랐고 2006년 들어서 각 나라별로 적게는 300명에서 많게는 600명까지 늘어난 추세다. 이렇게 많은 학생들이 골프 유학을 택하는 이유로는 국내 골프 교육의 문제점이 많기 때문이다.

우리 나라 주니어 골퍼들은 취미로 하기보다는 프로 골퍼가 되기 위해 골프를 하는 선수가 대부분이다. 이들 골프 선수들은 정상적인 학교생활을 하기 힘든 게 현실이다. 골프 연습장이나 골프장에서 연습하는 데 모든 시간을 투자하고 있다. 골프 선수를 하던 학생이 중간에 골프를 포기하게 되면 상급학교로의 진학이 어려워지기 때문에 영어라도 배운다는 생각으로 유학길을 택하고 있다. 또한 국내에서는 골프장 사용이 불편하고 경비가 많이 드는 점도 이유가 된다.

골프 유학 전 준비 사항 및 알아두기

골프 유학에 들어가는 비용

골프 유학을 가장 많이 보내는 나라는 호주, 뉴질랜드, 미국이다. 그러나 최근 들어 태국, 필리핀, 말레이시아 등 동남아시아로도 많이 가는 추세다. 동남아시아의 경우는 우리 나라에서 들어가는 비용보다 적게 들이면서 라운딩도 자주하고 오전엔 영어 수업도 들을 수 있는 장점이 있다. 그러나 체계적인 레슨을 받기는 힘들다.

> 미국비용(연간 총비용) : 약 5000~6000만 원
> 호주, 뉴질랜드 : 약 4000~5000만 원
> 태국, 필리핀, 말레이시아 : 약 2500~3500만 원

정규 교육 기간인지 확인하기

현재 미국에는 정규 교육 기간으로 인정받은 골프 교육 기간이 몇 군데 되지 않는다. 정규 학교를 보유하고 있는 골프 스쿨에 들어가야만 오전에 정규 수업을 하고 오후에 체육활동이나 특별활동으로 골프 훈련을 받을 수 있게 배려하고 있다. 일반 학교에서는 수업을 다 받아야 하고 대회 참가 시에도 이해와 배려가 부족해 많은 제약을 받고 있다.

* 우리 나라에서 널리 알려진 샌디에이고 골프 아카데미는 학력이 인정되는 전문 교육 기관이 아닌 전문 골프 스쿨이다.

프로와 학생의 비율 알아보기

학생수에 비해 레슨 프로들이 모자란 학교는 피하는 것이 좋다. 골프는 단체 운동이 아닌 개인 운동이기 때문에 개인 레슨을 충분히 받을 수 있는 곳을 택하는 것이 바람직하다. 또한 필드 레슨은 어느 골프장에서 일주일에 몇 번 받는지도 확인한다.

학교 고유의 티칭 시스템 확인하기

학교마다 각각 다른 티칭 시스템을 가지고 있다. 오래된 골프 스쿨에는 그 동안 연구한 노하우가 있어 체계적인 레슨 매뉴얼을 가지고 있다. 또한 유명 골프 선수들의 이름을 내걸고 홍보하는 학교가 있는 데 그 프로가 직접 레슨을 하는지 이름만 내건 것은 아닌지 확인한다.

골프 유학 알선업체 및 학교를 가보고 결정하기

골프 유학원의 과장 광고에 현혹되어 사기를 당하는 경우를 종종 볼 수 있다. 보통 유학을 결심하면 몇 년 동안 있어야 할 곳이기 때문에 신중하게 결정해야 한다. 유학원을 직접 찾아가 유령업체인지 홍보 내용과 차이가 없는지 확인한다. 레슨비 및 기타 비용을 옵션으로 요구하는 경우도 있기 때문에 꼼꼼히 따져 봐야 한다.

프로가 되는 길

★국내 남자 프로가 되는 길

세미 프로

국내에서 남자 세미 프로테스트는 한국프로골프협회(KPGA) 주관으로 매년 200명을 선발하며 전·후반기 각각 100명씩 선발한다. 보통 3월과 7월에 두 차례 열린다.

먼저 세미 프로테스트에 출전하려면 자신이 거주하는 지역에 해당하는 한국프로골프협회 각 지부에 등록한 후 출전 신청을 해야 한다. 참고로 현재 국내에는 7개 지부가 있다. 자격 조건은 만 17세 이상 만 49세 미만인 자로서 소정의 사전 교육을 이수해야 한다.

- **■ 참가 시 구비서류**
  참가신청서, 추천서(추천인은 입회 5년 이상된 정회원 및 현 경기위원), 주민등록등본, 주민등록증 사본, 교육필증 사본(사전교육 미수자는 실기 테스트 이전에 교육 이수할 조건으로 신청 가능)

- **■ 경기 방식 및 선발 과정**
  1. 예선전 : 이틀 동안 하루에 18홀씩 36홀 스트로크 플레이로 치뤄지고 지회별 참가인원 비례 총 176명을 선발한다(동점자는 매칭 스코어 방식으로 선발한다).
  2. 본선전 : 이틀 동안 하루에 18홀씩 36홀 스트로크 플레이로 치뤄지고 지회와 상관 없이 100명을 선발한다(동점자는 플레이오프 방식으로 선발한다).

- **■ 예선 및 본선 면제**
  1. 예선 면제자 : 지회장 추천자 및 3부 투어 1~5위 이내 입상
  2. 본선 면제자 : 아시안게임, 세계선수권대회에서 금·은메달 입상자 및 단체전 금메달 입상자, 2년 이상 국가대표로 활동하고 아마추어 대회에 1위 입상 등 공식대

회에서 우수한 성적을 보유한 자, 3부 투어에서 종합 상금 순위 1~3위 선수

■ 이론 및 교육 과정
실기에 합격한 선수는 협회에서 주관하는 기간 동안 교육 과정을 이수하여야 하고 이수 교육 후 필기시험에 합격하여야 한다.

티칭 프로

국내에서 남자 티칭 프로테스트는 한국프로골프협회 주관으로 매년 40명을 선 발하며 전·후반기 각 20명씩 선발한다. 먼저 티칭 프로테스트에 출전하려면 자 격 조건은 만 30세 이상인 자로서 협회에서 주관하는 교육을 이수하여야 하고 대한골프협회가 인정하는 골프 관련 업종에서 5년 이상 근무해야 한다.

■ 참가 시 구비서류
참가신청서, 추천서(협회이사, 경기위원, 협회지회장, 티칭 프로 지회이사), 주민등록등본, 주민등록증 사본, 경력증명서(골프 관련 업종 5년 이상), 교육필증 사본(사전교육 미수자는 실기 테스트 이전에 교육 이수할 조건으로 신청 가능)

■ 경기 방식 및 선발 과정
1. 서류전형
2. 선발 절차 및 골프 룰, 에티켓에 관한 사전 교육
3. 실기 평가
예선전 : 18홀 스트로크 플레이로 100명을 선발한다(동점자는 매칭 스코어 방식으로 선 발한다).
본선전 : 이틀 동안 하루에 18홀씩 36홀 스트로크 플레이로 하여 156타 이내 기록자 중 상위 20명을 선발한다(동점자는 플레이오프 방식으로 선발한다).

■ 이론 및 교육 과정

실기에 합격한 선수는 협회에서 주관하는 기간 동안 교육 과정을 이수하여야 하고 이수 교육 후 필기시험에 합격하여야 한다. 이론교육 과정 필기시험에서 불합격 시 2회의 재시험 기회를 주고 이에 불합격하면 실기합격을 무효로 한다.

프로테스트

출전 자격은 협회가 주관한 세미 프로테스트에 합격해 세미 프로자격을 취득한 자여야 하며, 특별한 경우 이사회의 승인을 받은 자에 한해 프로테스트에 도전할 수 있다. 매년 40명을 선발하고 전·후반기 각각 20명씩 선발한다. 3개월 이전 주민등록상 자신이 거주하던 지회에 참가 신청한다.

■ 참가 시 구비서류

참가신청서, 주민등록등본(최근 3개월 이내)

■ 경기 방식 및 선발 과정

1. 예선전 : 이틀 동안 하루에 18홀씩 36홀 스트로크 플레이로 치뤄지고 지회별 참가인원 비례 총 100명을 선발한다(동점자는 매칭 스코어 방식으로 선발한다).
2. 본선 1차전 : 이틀 동안 하루에 18홀씩 36홀 스트로크 플레이로 치뤄지고 상위 60위까지 선발한다(동점자 포함).
3. 본선 2차전 : 이틀 동안 하루에 18홀씩 36홀 스트로크 플레이로 치뤄지고 본선 1차전 경기 성적을 포함한 72홀 스트로크 플레이 결과 상위 20명을 최종 선발한다(동점자는 플레이오프 방식으로 선발한다).

■ 예선 및 본선 면제

1. 예선 면제자
   • 협회 세미 프로로 아시아투어 예선전 통과하여 시드권을 받은 선수
   • 세미 프로 중 2부 투어에서 종합 상금 순위 6~30위 이내 선수
   • 지회장 추천자

- 국내외 경기에서 인정받을 만한 성적을 거두어 협회가 인정한 선수
- 세미 프로 중 3부 투어에서 종합 상금 순위 1, 2위 선수
- 챌린지투어 상반기 종합 상금 1~6위 이내 선수
- 챌린지투어 연 종합 상금 순위 4위부터 상반기 면제자를 제외한 6명

2. 본선 면제자

- 협회 세미 프로 및 대한민국 아마추어 골프 선수로 해외, 국내외 골프 선수로 정규 4라운드 공식대회에서 우승한 자로 본인이 해당 연도에 프로 전향을 원할 때
- 세미 프로 중 2부 투어 연 상금 순위 3위 이내 선수
- 챌린지투어 연 상금 순위 3위 이내 선수
- 미국 PGA 투어 풀시드권 자, 일본 PGA 투어 풀시드권 자, 유럽 PGA 투어 풀시드권 자, 미국 2부 투어 풀시드권 자, 미국 PGA 투어 투어시드 최종일 라운드 출전자에 한하여 본인이 한국 PGA 회원이 되고자 할 때

★국내 여자 프로가 되는 길

준회원 (세미 프로)

국내에서 여자 세미 프로는 한국여자프로골프협회(KLPGA)에서 주관한다. 만 17세 이상 만 45세 이하의 여자만 자격이 주어진다. 상·하반기 연 2회 테스트를 하고 남자 세미 프로테스트와는 다르게 3일 동안 240타(80타×3일)수로 결정한다. 실기테스트 전 이론 교육을 받아야 하고 이론 시험에서 80점 이상을 받아야만 실기테스트를 볼 수 있다. 이론 교육 및 시험에 합격하면 4년간 자격이 유효하다.

■ 참가 시 구비서류
참가신청서, 이력서, 추천서(협회이사, 감사, 대의원), 주민등록등본 1통, 호적등본 1통, 사진(여권사진 3통, 증명사진 3통)

■ 경기 방식 및 선발 과정
1. 이론 교육 및 시험에 합격한 자
3. 실기 평가 : 54홀 스트로크 플레이로 하루에 80타 이하씩 3일 동안 총 240타 이내로 치면 된다. 80타 × 3일 = 240타 이내

■ 경기 방식 및 선발 과정
- 전년도 세계아마추어 골프선수권대회에서 단체전 2위, 3위, 개인전 2위, 3위한 선수
- 전년도 한국여자아마추어 골프선수권대회 1위 선수
- 전년도 대학골프선수권대회 여자부 1위 선수
- 전년도 한국여자오픈 골프선수권대회 아마추어부문1위 선수
- 외국여자프로골프협회 라이센스 소지자(일본, 미국, 유럽, 호주, 캐나다에 한함)

■ 이론 및 교육 과정
실기테스트 전 선수는 협회에서 주관하는 기간 동안 교육 과정을 이수하여야 하고 이수 교육 후 이론 시험에서 80점 이상을 받아야 합격할 수 있다. 이론 합격은 4년간 유효하고 4년이 지나면 다시 이론 시험을 봐야 한다.

정회원

정회원이 되어야 국내 상금 대회에 참가할 수 있는 자격이 부여된다. 출전 자격은 협회가 주관한 준회원 프로테스트에 합격해 준회원 자격을 취득한 자여야 한다. 특별한 경우 협회가 인정하고 이사회가 인정하면 준회원 없이 바로 정회원에 도전할 수 있다. 3일간 54홀 스트로크 방식으로 결정하며 총 225타 이내면 합격한다.

■ 경기 방식 및 선발 과정
실기 평가 : 54홀 스트로크 플레이로 하루에 75타 이하씩 3일 동안 총 224타 이내로 치면 된다. 75타 × 3일 = 225타 이내

■ 정회원 선발 면제자
- 미국여자프로골프협회(USLPGA)투어 라이센스 소지자로 투어 예선 면제한 선수

- 일본여자프로골프협회(JLPGA)투어 라이센스 소지자로 투어 출전 자격을 받은 선수
- 유럽여자프로골프투어(LET) 라이센스 소지자로 투어 예선 면제를 받은 선수
- 전년도 세계아마추어 골프선수권대회에서 개인전 1위, 단체전 1위 전원
- 아시안게임 개인전 1위, 단체전 1위 전원
- 한국여자프로골프협회(KLPGA) 공식대회 우승자
- 드림 투어 상위입상자로 상·하반기 5개 대회기준 평균 75타 이내를 기록한 선수 전원

■ 이론 및 교육 과정

미국여자프로골프협회(USLPGA), 일본여자프로골프협회(JLPGA), 유럽여자프로골프투어(LET)에서 한국여자프로골프협회(KLPGA) 정회원 자격을 부여받은 선수는 준회원 선발 이론 교육이나 입회 교육을 반드시 받아야 한다. 부득이한 경우에는 별도의 교육을 받을 수 있다.

Part 9

자신에게 맞는
클럽 선택하기

:: 자신에게 잘 맞는 골프 클럽을 사용하자

주니어 선수들에게 있어 골프 클럽은 골프 스윙을 배우는 것처럼 아주 중요한 역할을 한다.

내가 주니어들을 가르치면서 보고 느낀 것은 한국의 부모들은 자기 자식들이 아직 나이도 어리고 골프를 계속 하지 않을지도 모르니 대충 클럽을 휘두를 수만 있다면 그 것으로 사용하게 한다. 이런 부모들의 생각은 그리 바람직 하지 않다. 골프를 계속 할 지 안 할지를 떠나서 골프를 가르치기를 원하는 부모라면 반드시 어린 아이들에게 잘 맞는 골프 클럽으로 골프를 배우게 하는 것이 현명하다. 골프 클럽이 자신한테 잘 맞 으면 골프가 재미있어지고 그러다 보면 골프를 계속할 수도 있기 때문이다.

자식들이 골프 선수가 되길 바란다면 전문적인 골프 클럽 피팅숍에 가서 분석을 하 고 맞춤 클럽을 맞춰줄 것을 적극 권장하고 싶다. 또한 부모들은 주니어들에게 여성용 클럽을 짧게 잘라서 사용하도록 하는 경우가 많다. 성인들의 클럽을 짧게 잘라서 사용 한다면 샤프트의 강도가 너무 강해서 스윙 감각을 익히는 데 많은 어려움이 있고 무게 가 무거워진다.

주니어들에게는 최대한으로 스윙 속도를 낼 수 있는 훈련이 더 필요하다. 클럽 헤드 속도가 빠르면 빠를수록 볼은 더 멀리 날아가게 된다. 그래서 골프는 속도 게임이라고 도 한다. 클럽 헤드의 속도 증가는 바로 체력에 잘 맞는 클럽의 무게를 선택하는 것이 다. 무거운 골프 클럽으로는 스윙을 잘할 수도 없을 뿐만 아니라 너무 무거운 것을 장 시간 들다 보면 힘만 들고 골프가 재미없어질 것이다. 또한 신체적으로도 부상의 위험 이 있기 때문에 조심해야 한다.

주니어 선수들은 손이 작기 때문에 그립도 손에 맞도록 잘 선택해야 한다. 그립이 너무 두꺼우면 스윙을 하는 동안 견고하게 잡히지 않고 손목을 제대로 사용할 수가 없 어 최대의 파워를 낼 수가 없다. 반대로 너무 얇으면 컨트롤하기가 어려워져 문제가 생길 수 있다.

　골프 클럽의 길이도 자신의 신장에 맞게 잘 조절되어야 한다. 길이가 길면 라이각도 조절해야 하고, 정확하게 맞추기가 어려워 볼의 비거리나 방향성에 많은 손실을 얻게 된다.

:: 브랜드명에 연연하지 말자

　주니어 선수들은 골프 연습장에서 연습을 하다 보면 주위에 많은 투어 프로들과 접하게 된다. 감수성이 예민한 어린 아이들은 유명 프로가 사용하는 클럽을 사용하면 무조건 좋아보이고 자신도 그 클럽을 사용하면 잘 맞을 것이라고 생각한다. 그래서 부모들에게 이런 저런 핑계를 대 골프 클럽을 바꾸는 일이 흔하다. 필자가 가르치는 중학교 1학년 학생도 가끔 필자가 쓰는 클럽으로 볼을 쳐 보고 싶어한다. 아직 어리고 힘이 없어 헤드 스피드가 느리기 때문에 클럽의 무게나 샤프트 강도가 전혀 맞지 않는 데도 감이 좋다고 한다.

　주니어 골퍼들의 우상은 성공한 투어 프로들이지만 성공한 투어 프로들 뒤에는 항상 골프 전문가들이 존재하고 있어 그들의 조언에 절대적으로 따르고 있다.

　브랜드가 유명하다고 해서 좋은 것은 절대 아니다. 골프 클럽은 자신한테 가장 잘 맞는 것이 가장 좋은 클럽인 것을 명심해야 한다.

:: 골프 클럽의 기초 상식

골프 클럽은 총 14개까지 사용할 수 있다. 이렇게 여러 개의 클럽이 필요한 이유는 무엇일까? 클럽이 14개인 이유는 클럽마다 풀 스윙을 했을 때 볼이 날아가는 거리가 다 다르기 때문이다. 5번 아이언은 8번 아이언보다 볼을 멀리 보낸다. 클럽의 숫자가 낮을수록 거리는 멀어지고 볼의 탄도는 낮아진다. 우드 중에서는 1번 우드가 볼이 가장 멀리 날아가고 아이언 중에는 1번 아이언이 가장 멀리 날아간다. 그러나 아이언의 경우 1번, 2번은 거의 사용하지 않고 3번 아이언부터 사용한다. 클럽의 번호가 우드와 아이언이 같다 해도 우드가 훨씬 더 멀리 날아간다. 우드는 방향성보다 거리를 많이 보낼 때 사용하고 아이언은 정확히 볼을 보낼 때 사용하며 퍼터는 볼을 홀컵에 넣을 때 사용한다.

:: 클럽별 표준거리와 구질

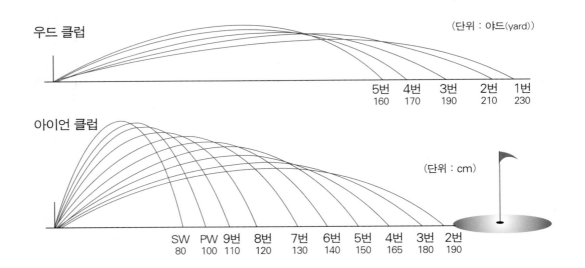

클럽의 부분 명칭

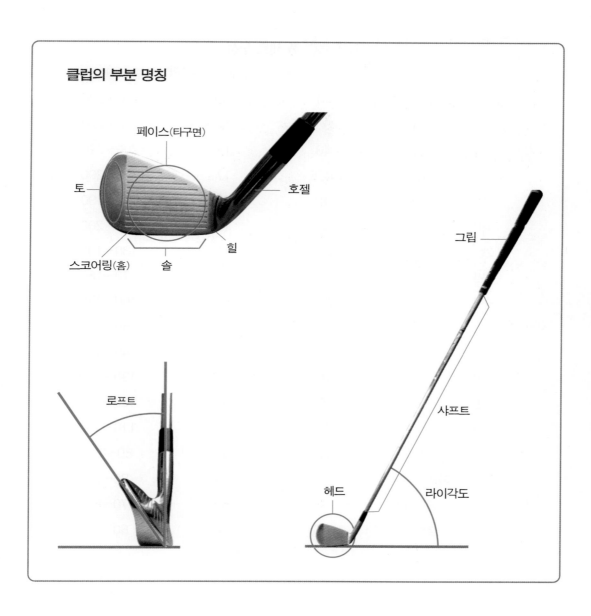

페이스(타구면)

토

호젤

스코어링(홈)

솔

힐

로프트

그립

샤프트

헤드

라이각도

골프 클럽 풀 세트 구성

클럽 종류			표준 길이(인치)	표준 로프트(도°)	표준 비거리(야드)
우드	1번	드라이버	44	10	220~230
	2번	브러시	43.5	12	210~220
	3번	스푼	43	14	200~210
	4번	버피	42.5	17	190~200
	5번	크리크	42	21	170~190
아이언	1번	롱아이언	40	15	190~200
	2번		39.5	17	180~190
	3번		39	20	170~180
	4번		38.5	23	160~170
	5번	미들아이언	38	26	150~160
	6번		37.5	30	140~150
	7번		37	34	130~140
	8번	쇼트아이언	36.5	38	120~130
	9번		36	42	110~120
웨지	PW	피칭웨지	35.5	46	80~100
	AW	어프로치웨지	35	51	80~90
	SW	샌드웨지	35	56	70~80
	LW	로브웨지	35	60	60~70
퍼터				5~6도	

골프 클럽은 사용자의 힘과 체형에 따라 각기 다른 샤프트를 사용한다.
샤프트에는 강도를 표시하는 기호가 적혀져 있다.

샤프트 강도에 따른 명칭 및 적합한 사용

기호	명칭	의미	적합함
L	레이디스	부드럽다	여성과 시니어, 힘이 약한 남성에게 적합
A	아마추어	약간 부드럽다	힘이 강한 여성, 힘이 약한 남성에게 적합
R	레귤러	보통이다	일반 남성, 힘이 아주 강한 여성에게 적합
S	스티프	약간 단단하다	힘이 강한 남성에게 적합
X	엑스트러 스티프	단단하다	힘이 아주 강한 남성, 프로에게 적합

나이와 신장에 따른 주니어 클럽의 구성

연령	신장	클럽
3~5살	91~114cm	우드, 아이언, 퍼터(3개)
6~8살	114~134cm	우드, 아이언(5, 7, P), 퍼터(5개)
9~13살	135~152cm	우드, 아이언(5, 7, P), 퍼터(5개)
14살~	153이상	풀 세트

골프 룰 및 에티켓

티잉 그라운드

+ 각 홀에서 첫 번째 샷을 하기 위해 만들어진 곳

어드레스가 완료되기 전 샷을 준비하는 과정에서 볼을 치려는 의도가 없었는 데 살짝 건드려 볼이 티에서 떨어졌다.

➡ 볼을 치려는 의도가 없이 실수로 건드린 것이므로 무벌타로 다시 올려놓고 치면 된다. 만약 어드레스 후 헛스윙을 한 경우에는 1타 친 걸로 간주하기 때문에 절대로 손을 대서는 안 된다.

성급하게 경기하다가 다른 사람의 클럽으로 티샷을 하게 되었다.

➡ 플레이어가 사용할 수 있는 클럽의 수는 14개이므로 착각해 다른 사람의 클럽을 사용했다면 2벌타가 부가된다.

치는 순서를 착각하여 다른 사람의 차례를 제치고 먼저 치고 말았다.

➡ 동반 경기자에게 사과하고 벌타 없이 계속 진행하면 된다. 에티켓의 문제이기 때문에 벌타는 없다.

백티를 사용해야 하는 데 앞에 있는 레이디 티에서 쳤다.

➡ 백티에서 쳐야 하는 데 레이디 티에서 친 것은 그만큼 거리를 줄인 것이기 때문에 2벌타가 부가된다. 다시 원래의 티 구역에서 3타째로 치면 된다.

골프 룰

티샷한 볼이 숲 속이나 OB선상 밖으로 나가 버렸다.

➡ 우선 잠정구를 쳐두는 것이 좋다. 볼을 찾기 시작하여 5분 안에 못찾을 경우 분실구 처리가 된다. 찾더라도 흰색 말뚝 밖으로 나가있으면 다시 쳐야 한다. 분실구는 1벌타를 받고 원래 위치에서 다시 친다. 2번째 치는 샷은 3타째가 된다. 잠정구를 쳐두면 다시 돌아가는 힘과 시간을 절약할 수 있다.

티잉 그라운드를 표시하는 마커를 뽑아 다른 위치로 이동시켰다.

➡ 이미 결정된 마커의 위치를 함부로 바꾸는 것은 규정에 의해 경기 실격된다. 그러나 같은 팀의 다른 사람이 티샷 하기 전에 원위치로 다시 옮겨 놓으면 벌타가 없다.

스루 더 그린

볼 근처에 있는 나뭇가지를 치우려다 볼을 건드렸다.

➡ 어드레스 하기 전이라고 해도 페어웨이에서 볼을 움직이게 되면 1벌타 받고 원래 위치에 놓고 친다.

티샷한 볼이 포장해 놓은 카트 도로에 멈추었다.

➡ 포장도로는 움직일 수 없는 장애물이기 때문에 벌타 없이 구제 받을 수 있다. 그린에서 가깝지 않게 1클럽 길이 이내에 드롭하고 치면 된다.

볼이 진흙에 덮여서 누구 것인지 식별하기 어려워 플레이를 못하고 있다.

➡ 벌타 없이 집어 올려 식별할 수 있을 정도로 닦을 수 있다. 단 볼을 집어 올리기 전 동반 경기자에게 의사를 전달하고 볼 위치에 마크를 하고 집어 올린다. 마크를 안 하고 집어 올리면 1벌타를 받는다.

자신의 볼이 나무 위에 걸려 볼을 치는 것이 불가능하게 됐다.

➡ 도저히 칠 수 없는 경우 1벌타를 받고 볼을 떨어뜨린다. 나무 위에 걸려 있었던 곳의 수직 아래 지점에서 2클럽 이내에 볼을 드롭하고 플레이 하면 된다.

러프에 들어 간 자신의 볼을 찾다가 나도 모르게 볼을 발로 찼다.

➡ 정지된 자신의 볼을 발로 차거나 밟아서 움직인 경우 1벌타를 받고 원 위치에 돌려 놓고 다시 플레이 한다. 단, 움직인 볼이 자신의 것이 아닌 다른 동반 경기자의 것이라면 벌타 없이 원 위치에 놓는다.

러프 속에서 자신의 볼인 줄 알고 어드레스를 취하고 쳤는데 동반 경기자의 볼이었다.

➡ 2벌타를 받고 다시 자신의 볼로 치면 된다. 원래 볼의 주인인 경기자는 벌타 없이 원 위치에서 치면 된다.

해저드

샷한 볼이 연못으로 들어가 버렸다.

➡ 1벌타를 받고 드롭하여 친다. 드롭 위치는 첫째 볼을 친 장소에서 다시 드롭하고 친다. 두 번째 볼이 최후 연못에 들어간 경계선 직선상의 그린에서 가깝지 않게 후방으로 드롭하여 친다.

샷한 볼이 워터 해저드에 들어 간 줄 알고 그 볼을 쳤던 원 위치에서 다른 볼로 쳤는데 처음에 친 볼을 해저드 근처에서 찾았다.

➡ 해저드 밖에서 최초에 볼을 찾았더라도 최초의 볼은 분실구가 된다. 1벌타 받고 2번째 친 볼로 플레이 한다. 최초에 친 볼 1타, 벌타 1타, 두 번째 친 볼 1타가 되어 4타째가 된다.

벙커에 들어간 볼이 벙커 턱에 박혀 그대로는 칠 수가 없다.

➡ 1벌타를 받고 벙커 안에서 드롭하여 칠 수 있다. 볼이 있는 곳에서 2클럽 이내에 드롭하거나 홀과 볼의 직선상의 위치에서 뒤로 거리 제한 없이 벙커 안에서 드롭할 수 있다.

그린 옆의 벙커에 볼이 들어갔는 데 벙커 전체가 물에 잠겨 있었다.

➡ 1벌타 받고 홀과 볼의 연결선상인 벙커 밖의 후방으로 드롭하고 친다. 이때 거리는 제한이 없다. 볼을 칠 수 있다면 그대로 플레이 하면 벌타가 없다.

벙커에서 연습 스윙을 하다가 클럽이 모래에 닿았다.

➡ 연습 스윙은 아무데서나 가능하지만 벙커나 해저드에서는 조심해야 한다. 벙커에서 연습 스윙 시 모래가 닿으면 2벌타를 받는다.

벙커 안에 들어간 볼 옆에 종이컵이 있다.

➡ 인공 장애물이기 때문에 벌타 없이 치우고 칠 수 있다.

그린

마크를 하지 않고 그냥 볼을 집어 올렸다 나중에 알고 동전으로 마크를 했다.

➡ 1벌타를 받고 볼은 정확히 있던 곳에 놓고 시작한다. 볼을 집어올릴 때는 반드시 마크를 한 후 손으로 집어올려야 한다.

그린 위에서 퍼팅을 했는데 볼이 동반 경기자의 볼을 맞혔다.

➡ 동반 경기자의 정지된 볼을 맞혔기 때문에 2벌타를 받는다. 퍼팅한 볼은 정지한 상태 그대로 놓고 플레이 한다. 동반 경기자의 볼은 원 위치에 놓고 벌타 없이 플레이 하면 된다.

홀 가까이 있던 볼이 바람이 불어 홀로 들어가 버렸다.

➡ 볼이 정지한 상태에서 10초까지 기다릴 수 있다. 10초 안에 들어가면 인정한다.

어드레스를 하다가 퍼터로 볼을 살짝 건드렸는 데 흔들리기만 하고 위치는 그대로다.

➡️ 볼의 위치가 변하지 않았고 흔들리기만 했다면 무벌타이고 그 위치에서 그대로 플레이 하면 된다. 만약 볼이 움직여 위치가 조금 바뀌었으면 1벌타 받고 원 위치에 놓고 플레이 하면 된다.

그린 위에서 친 볼이 홀컵에 꽂혀있는 깃대를 맞고 튀어 나왔다.

➡️ 그린 위에서 깃대를 맞추면 2벌타를 받는다. 볼이 정지해 있는 장소에서 계속 플레이 하면 된다. 그린 밖에서 어프로치 하다 깃대에 맞는 건 벌타 없이 플레이 한다.

퍼팅 선상에 물이 고여 있어 도저히 칠 수가 없는 상태이다.

➡️ 벌타 없이 볼을 집어 올려 다른 곳에 놓고 칠 수 있다. 볼이 있던 곳에서 가장 가까운 곳에서 구제를 받는다. 그래도 불가능하면 홀에 더 가깝지 않고 최대한의 구제를 받을 수 있는 곳에서 볼이 있던 위치에서 가장 가까운 곳에 놓는다.

1_ 약속 시간을 잘 지킨다 | 출발 시간보다 최소 10분 정도 먼저 도착하여 준비하여야 한다. 약속 시간에 늦게 되면 같이 플레이 하는 사람들도 못 치고 기다려야 하고 너무 늦으면 아예 칠 수가 없게 된다.

2_ 다른 사람이 볼을 칠 때에는 조용히 하자 | 다른 플레이어가 볼을 치려고 어드레스를 하면 조용히 해야 한다. 골프는 집중력을 필요로 하는 운동이므로 볼을 치려는 순간에 말을 하거나 움직이는 게 보이면 집중력을 잃게 되므로 볼을 치는 사람을 방해하는 것이 된다.

3_ 플레이 순서를 잘 지키자 | 골프는 치는 순서가 명확히 구분되어 있다. 전 홀에 잘 치거나 거리가 많이 나가느냐에 따라 순서가 결정되기 때문에 나의 실수로 다른 사람의 기분을 상하게 할 수 있다.

4_ 플레이를 지연하는 행동을 삼간다 | 시합 도중 지연 플레이를 하게 되면 벌타를 받거나 심하면 실격될 수도 있다. 다른 플레이어는 정상적으로 하는 데 나 때문에 팀 전체가 벌타를 받지 않게 주의한다.

5_ 안전거리를 유지하고 볼을 친다 | 앞에 사람이 있는 데 거기까지 안 가겠지 생각하고 볼을 쳐서 사람을 맞추거나 바로 옆에 떨어져 위협을 줘서는 안 된다. 볼에 맞아 부상을 당하는 일이 상당히 많으므로 특히 조심해야 한다.

6_ 코스를 보호해야 한다 | 페어웨이에서 볼을 치면 디봇(볼을 칠 때 잔디가 파지는 것)이 생긴다. 떨어져 나간 잔디를 디봇이 생긴 위치에 복구시켜 놓는다. 그린에서는 볼이 떨어지면서 생기는 볼 마크를 보수해 놓는다.

부록_ 골프 룰 및 에티켓

7_ 벙커 정리를 잘하고 나온다 | 다음 칠 사람을 위해서 벙커는 잘 정리해 놓는다. 내가 친 볼이 벙커에 들어갔는 데 발자국이 생긴 곳에 들어가 볼치기가 어려워지면 안 된다. 모든 사람이 똑같은 조건에서 볼을 칠 수 있게 만들어 놓는다.

8_ 상대방의 퍼팅 선상을 밟지 않는다 | 다른 사람이 퍼팅할 때 볼이 지나가야 할 길을 발로 밟아 회손시키지 않는다.

9_ 퍼팅할 때 그림자가 보이지 않게 한다 | 퍼팅할 때 그림자가 움직이게 되면 시선이 분산되고 집중력을 잃게 되어 볼을 제대로 칠 수가 없게 된다. 퍼팅할 때는 조용히 하고 어드레스 했을 때 최대한 시선에서 보이지 않는 곳에 있는다.

10_ 상대방을 향하여 빈 스윙을 하지 않는다 | 다른 사람이 앞에 있는 데 빈 스윙을 하면 상당히 위험하다. 혹시 실수로 땅을 치게 되면 모래가 튀고 조그만 돌이라도 있으면 큰 사고가 난다. 또 클럽이 부러지면서 사람이 맞아 부상을 당하는 경우도 많다.

11_ 식당에서는 모자를 벗는다 | 클럽 하우스나 식당에서는 모자를 벗는 것이 예의다. 시끄럽게 떠들지 말고 모래나 진흙 등은 털고 입장하도록 한다.

12. 경기를 마치면 모자를 벗고 인사한다 | 경기를 마치면 같이 플레이 한 사람들에게 인사를 하고 캐디에게도 수고했다고 인사를 한다. 이때 모자를 벗고 인사하는 것이 예의다.

가림출판사 · 가림M&B · 가림Let's에서 나온 책들

문 학

바늘구멍 켄 폴리트 지음 / 홍영의 옮김
신국판 / 342쪽 / 5,300원

레베카의 열쇠 켄 폴리트 지음 / 손연숙 옮김
신국판 / 492쪽 / 6,800원

암병선 니시무라 쥬코 지음 / 홍영의 옮김
신국판 / 300쪽 / 4,800원

첫키스한 얘기 말해도 될까 김정미 외 7명 지음
신국판 / 228쪽 / 4,000원

사미인곡 上·中·下 김충호 지음
신국판 / 각 권 5,000원

이내의 끝자리 박수완 스님 지음
국판변형 / 132쪽 / 3,000원

너는 왜 나에게 다가서려 했는지 김충호 지음
국판변형 / 124쪽 / 3,000원

세계의 명언 편집부 엮음
신국판 / 322쪽 / 5,000원

여자가 알아야 할 101가지 지혜
제인 아서 엮음 / 지장국 옮김 / 4×6판 / 132쪽 / 5,000원

현명한 사람이 읽는 지혜로운 이야기 이정민 엮음
신국판 / 236쪽 / 6,500원

성공적인 표정이 당신을 바꾼다 마츠오 도오루 지음
홍영의 옮김 / 신국판 / 240쪽 / 7,500원

태양의 법 오오카와 류우호오 지음 / 민병수 옮김
신국판 / 246쪽 / 8,500원

영원의 법 오오카와 류우호오 지음 / 민병수 옮김
신국판 / 240쪽 / 8,000원

석가의 본심 오오카와 류우호오 지음 / 민병수 옮김
신국판 / 246쪽 / 10,000원

옛 사람들의 재치와 웃음 강형중 · 김경익 편저
신국판 / 316쪽 / 8,000원

지혜의 쉼터 쇼펜하우어 지음 / 김충호 엮음
4×6판 양장본 / 160쪽 / 4,300원

헤세가 너에게 헤르만 헤세 지음 / 홍영의 엮음
4×6판 양장본 / 144쪽 / 4,500원

사랑보다 소중한 삶의 의미
크리슈나무르티 지음 / 최윤영 엮음 / 신국판 / 180쪽 / 4,000원

장자-어찌하여 알 속에 털이 있다 하는가
홍영의 엮음 / 4×6판 / 180쪽 / 4,000원

논어-배우고 때로 익히면 즐겁지 아니한가
신도희 엮음 / 4×6판 / 180쪽 / 4,000원

맹자-가까이 있는데 어찌 먼 데서 구하려 하는가
홍영의 엮음 / 4×6판 / 180쪽 / 4,000원

아름다운 세상을 만드는 사랑의 메시지 365
DuMont monte Verlag 엮음 / 정성호 옮김
4×6판 변형 양장본 / 240쪽 / 8,000원

황금의 법 오오카와 류우호오 지음
민병수 옮김 / 신국판 / 320쪽 / 12,000원

왜 여자는 바람을 피우는가? 기셀라 룬테 지음
김현성 · 진정미 옮김 / 신국판 / 200쪽 / 7,000원

세상에서 가장 아름다운 선물 김인자 지음
국판변형 / 292쪽 / 9,000원

수능에 꼭 나오는 한국 단편 33 윤종필 엮음 및 해설
신국판 / 704쪽 / 11,000원

수능에 꼭 나오는 한국 현대 단편 소설 윤종필 엮음 및 해설
신국판 / 364쪽 / 11,000원

수능에 꼭 나오는 세계단편(영미권) 지장영 옮김
윤종필 엮음 및 해설 / 신국판 / 328쪽 / 11,000원

수능에 꼭 나오는 세계단편(유럽권) 지장영 옮김
윤종필 엮음 및 해설 / 신국판 / 360쪽 / 11,000원

건 강

아름다운 피부미용법 이순희 (한독피부미용학원 원장)
지음 / 신국판 / 296쪽 / 6,000원

버섯건강요법 김병각 외 6명 지음
신국판 / 286쪽 / 8,000원

성인병과 암을 정복하는 유기게르마늄
이상현 편저 / 카오 샤오이 감수 / 신국판 / 312쪽 / 9,000원

난치성 피부병 생약효소연구원 지음
신국판 / 232쪽 / 7,500원

新 방약합편 정도명 편역
신국판 / 416쪽 / 15,000원

자연치료의학 오홍근 (신경정신과 의학박사 · 자연의학박사)
지음 / 신국판 / 472쪽 / 15,000원

약초의 활용과 가정한방 이인성 지음
신국판 / 384쪽 / 8,500원

역전의학 이시하라 유미 지음 / 유태종 감수
신국판 / 286쪽 / 8,500원

이순희식 순수피부미용법 이순희 (한독피부미용학원 원장)
지음 / 신국판 / 304쪽 / 7,000원

21세기 당뇨병 예방과 치료법 이현철 (연세대 의대 내과 교수)
지음 / 신국판 / 360쪽 / 9,500원

신재용의 민의학 동의보감 신재용 (해성한의원 원장) 지음
신국판 / 476쪽 / 10,000원

치매 알면 치매 이긴다 배오성 (백상한방병원 원장) 지음
신국판 / 312쪽 / 10,000원

21세기 건강혁명 밥상 위의 보약 생식 최경순 지음
신국판 / 348쪽 / 9,800원

기치유와 기공수련 윤한홍 (기치유 연구회 회장) 지음
신국판 / 340쪽 / 12,000원

만병의 근원 스트레스 원인과 퇴치 김지혁 (김지혁한의원 원장)
지음 / 신국판 / 324쪽 / 9,500원

김종성 박사의 뇌졸중 119 김종성 지음
신국판 / 356쪽 / 12,000원

탈모 예방과 모발 클리닉 장정훈 · 전재홍 지음
신국판 / 252쪽 / 8,000원

구태규의 100% 성공 다이어트 구태규 지음
4×6배판 변형 / 240쪽 / 9,900원

암 예방과 치료법 이춘기 지음
신국판 / 296쪽 / 11,000원

알기 쉬운 위장병 예방과 치료법 민영일 지음
신국판 / 328쪽 / 9,900원

이온 체내혁명 노보루 야마노이 지음 / 김병관 옮김
신국판 / 272쪽 / 9,500원

어혈과 사혈요법 정지천 지음
신국판 / 308쪽 / 12,000원

약손 경락마사지로 건강미인 만들기 고정환 지음
4×6배판 변형 / 284쪽 / 15,000원

정유정의 LOVE DIET 정유정 지음
4×6배판 변형 / 196쪽 / 10,500원

머리에서 발끝까지 예뻐지는 부분다이어트
신상만 · 김선민 지음 / 4×6배판 변형 / 196쪽 / 11,000원

알기 쉬운 심장병 119 박승정 지음
신국판 / 248쪽 / 10,000원

알기 쉬운 고혈압 119 이정균 지음
신국판 / 304쪽 / 10,000원

여성을 위한 부인과질환의 예방과 치료 차선희 지음
신국판 / 304쪽 / 10,000원

알기 쉬운 아토피 119 이승규 · 임승엽 · 김문호 · 안유일
지음 / 신국판 / 232쪽 / 9,500원

120세에 도전한다 이권행 지음
신국판 / 308쪽 / 11,000원

건강과 아름다움을 만드는 요가 정판식 지음
4×6배판 변형 / 224쪽 / 14,000원

우리 아이 건강하고 아름답게 롱다리 만들기 김성훈 지음
대국전판 / 236쪽 / 10,500원

알기 쉬운 허리디스크 예방과 치료 이종서 지음
대국전판 / 336쪽 / 12,000원

소아과 전문의에게 듣는 알기 쉬운 소아과 119 신영규 · 이강우 ·
최성항 지음 / 4×6배판 변형 / 280쪽 / 14,000원

피가 맑아야 건강하게 오래 살 수 있다 김영찬 지음
신국판 / 256쪽 / 10,000원

웰빙형 피부 미인을 만드는 나만의 셀프 피부건강
양해원 지음 / 대국전판 / 144쪽 / 10,000원

내 몸을 살리는 생활 속의 웰빙 항암 식품 이승남 지음
대국전판 / 248쪽 / 9,800원

마음한글, 느낌한글 박완식 지음
4×6배판 / 300쪽 / 15,000원

웰빙 동의보감식 발마사지 10분 최화희 지음 / 신재용 감수
4×6배판 변형 / 204쪽 / 13,000원

아름다운 몸, 건강한 몸을 위한 목욕 건강 30분 임하성 지음
대국전판 / 176쪽 / 9,500원

내가 만드는 한방생주스 60 김영섭 지음
국판 / 112쪽 / 7,000원

몸을 살리는 건강식품 백은희 · 조창호 · 최양진 지음
신국판 / 384쪽 / 11,000원

건강도 키우고 성적도 올리는 자녀 건강 김진돈 지음
신국판 / 304쪽 / 12,000원

알기 쉬운 간질환 119 이관식 지음
신국판 / 264쪽 / 11,000원

밥으로 병을 고친다 허봉수 지음
대국전판 / 352쪽 / 13,500원

알기 쉬운 신장병 119 김형규 지음
신국판 / 240쪽 / 10,000원

마음의 감기 치료법 우울증 119 이민수 지음
대국전판 / 232쪽 / 9,800원

관절염 119 송영욱 지음
대국전판 / 224쪽 / 9,800원

내 딸을 위한 미성년 클리닉 강병문 · 이향아 · 최정원 지음
국판 / 148쪽 / 8,000원

암을 다스리는 기적의 치유법
케이 세이헤이 감수 / 카와키 나리카즈 지음
민병수 옮김 / 신국판 / 256쪽 / 9,000원

스트레스 다스리기 대한불안장애학회 스트레스관리연
구특별위원회 지음 / 신국판 / 304쪽 / 12,000원

천연 식초 건강법 건강식품연구회 엮음 / 신재용 (해성한
의원 원장) 감수 / 신국판 / 252쪽 / 9,000원

암에 대한 모든 것 서울아산병원 암센터 지음
신국판 / 360쪽 / 13,000원

알록달록 컬러 다이어트 이승남 지음
국판 / 248쪽 / 10,000원

당신도 부모가 될 수 있다 정병준 지음
신국판 / 268쪽 / 9,500원

키 10cm 더 크는 키네스 성장법 김양수 · 이종균 · 최형규 ·
표재환 지음 / 대국전판 / 316쪽 / 12,000원

교 육

우리 교육의 창조적 백색혁명 원상기 지음
신국판 / 206쪽 / 6,000원

현대생활과 체육 조창남 외 5명 공저
신국판 / 340쪽 / 10,000원

퍼펙트 MBA IAE유학네트 지음
신국판 / 400쪽 / 12,000원

유학길라잡이 Ⅰ - 미국편 IAE유학네트 지음
4×6배판 / 372쪽 / 13,900원

유학길라잡이 Ⅱ - 4개국편 IAE유학네트 지음
4×6배판 / 348쪽 / 13,900원

조기유학길라잡이.com IAE유학네트 지음
4×6배판 / 428쪽 / 15,000원

현대인의 건강생활 박상호 외 5명 공저
4×6배판 / 268쪽 / 15,000원

천재아이로 키우는 두뇌훈련 나카마츠 요시로 지음
민병수 옮김 / 국판 / 288쪽 / 9,500원

두뇌혁명 나카마츠 요시로 지음 / 민병수 옮김
4×6판 양장본 / 288쪽 / 12,000원

테마별 고사성어로 익히는 한자 김경익 지음
4×6배판 변형 / 248쪽 / 9,800원

生생 공부비법 이은숙 지음
대국전판 / 272쪽 / 9,500원

자녀를 성공시키는 습관만들기 배은경 지음
대국전판 / 232쪽 / 9,500원

한자능력검정시험 1급 한자능력검정시험연구위원회 편저
4×6배판 / 568쪽 / 21,000원

한자능력검정시험 2급 한자능력검정시험연구위원회 편저
4×6배판 / 472쪽 / 18,000원

한자능력검정시험 3급(3급Ⅱ) 한자능력검정시험연구위원회
편저 / 4×6배판 / 440쪽 / 17,000원

한자능력검정시험 4급(4급Ⅱ) 한자능력검정시험연구위원회
편저 / 4×6배판 / 352쪽 / 15,000원

한자능력검정시험 5급 한자능력검정시험연구위원회
편저 / 4×6배판 / 264쪽 / 11,000원

한자능력검정시험 6급 한자능력검정시험연구위원회 편저
4×6배판 / 168쪽 / 8,500원

한자능력검정시험 7급 한자능력검정시험연구위원회 편저
4×6배판 / 152쪽 / 7,000원

한자능력검정시험 8급 한자능력검정시험연구위원회 편저
4×6배판 / 112쪽 / 6,000원

볼링의 이론과 실기 이택상 지음
신국판 / 192쪽 / 9,000원

고사성어로 끝내는 천자문 조준상 글/그림
4×6배판 / 216쪽 / 9,000원

내 아이 스타 만들기 김민성 지음
신국판 / 200쪽 / 9,000원

교육 1번지 강남 엄마들의 수험생 자녀 관리 황송주 지음
신국판 / 288쪽 / 9,500원

초등학생이 꼭 알아야 할 위대한 역사 상식 우진영 · 이양경 지음
4×6배판변형 / 228쪽 / 9,500원

초등학생이 꼭 알아야 할 행복한 경제 상식 우진영 · 전선심 지음
4×6배판변형 / 224쪽 / 9,500원

초등학생이 꼭 알아야 할 재미있는 과학상식 우진영 · 정경희 지음
4×6배판변형 / 220쪽 / 9,500원

취미 · 실용

김진국과 같이 배우는 와인의 세계
김진국 지음 / 국배판 변형양장본(올 컬러판) / 208쪽 / 30,000원

경제 · 경영

CEO가 될 수 있는 성공법칙 101가지 김승룡 편역
신국판 / 320쪽 / 9,500원

정보소프트 김승룡 지음 / 신국판 / 324쪽 / 6,000원

기획대사전 다카하시 젠코 지음 · 홍영의 옮김
신국판 / 552쪽 / 19,500원

맨손창업 · 맞춤창업 BEST 74 양혜숙 지음
신국판 / 416쪽 / 12,000원

무자본, 무점포 창업! FAX 한 대면 성공한다
다카시로 고시 지음 / 민병수 옮김 / 신국판 / 226쪽 / 7,500원

성공하는 기업의 인간경영 중소기업 노무 연구회 편저
홍영의 옮김 / 신국판 / 368쪽 / 11,000원

21세기 IT가 세계를 지배한다 김광회 지음
신국판 / 380쪽 / 12,000원

경제기자로 부자아빠 만들기 김기태 · 신현태 · 박근수
공저 / 신국판 / 388쪽 / 12,000원

포스트 PC의 주역 정보가전과 무선인터넷 김광회 지음
신국판 / 356쪽 / 12,000원

성공하는 사람들의 마케팅 바이블 채수명 지음
신국판 / 328쪽 / 12,000원

느린 비즈니스로 돌아가라 사카모토 게이이치 지음
정성호 옮김 / 신국판 / 276쪽 / 9,000원

적은 돈으로 큰돈 벌 수 있는 부동산 재테크 이원재 지음
신국판 / 340쪽 / 12,000원

바이오혁명 이주영 지음 / 신국판 / 328쪽 / 12,000원

성공하는 사람들의 자기혁신 경영기술 채수명 지음
신국판 / 344쪽 / 12,000원

CFO 교텐 토요오 · 타하라 오카시 지음 · 민병수 옮김
신국판 / 312쪽 / 12,000원

네트워크시대 네트워크마케팅 임동학 지음
신국판 / 376쪽 / 12,000원

성공리더의 7가지 조건 다이앤 트레이시 · 윌리엄 모건
지음 · 지창영 옮김 / 신국판 / 360쪽 / 13,000원

김종결의 성공창업 김종결 지음 / 신국판 / 340쪽 / 12,000원

최적의 타이밍에 내 집 마련하는 기술 이원재 지음
신국판 / 248쪽 / 10,500원

컨설팅 세일즈 Consulting sales 임동학 지음
대국전판 / 336쪽 / 13,000원

연봉 10억 만들기 김농주 지음 / 국판 / 216쪽 / 10,000원

주5일제 근무에 따른 한국형 주말창업 최효진 지음
신국판 변형 양장본 / 216쪽 / 10,000원

돈 되는 땅 돈 안되는 땅 김영준 지음
신국판 / 320쪽 / 13,000원

돈 버는 회사로 만들 수 있는 109가지 다카하시 도시
노리 지음 / 민병수 옮김 / 신국판 / 344쪽 / 13,000원

프로는 디테일에 강하다 김미현 지음
신국판 / 248쪽 / 9,000원

머니투데이 송복규 기자의 부동산으로 주머니돈 100배 만들기
송복규 지음 / 신국판 / 328쪽 / 13,000원

성공하는 슈퍼마켓&편의점 창업 나명환 지음
4×6배판 변형 / 500쪽 / 28,000원

대한민국 성공 재테크 부동산 펀드와 리츠로 승부하라
김영준 지음 / 신국판 / 256쪽 / 12,000원

마일리지 200% 활용하기 박성희 지음
국판 변형 / 200쪽 / 8,000원

1%의 가능성에 도전, 성공 신화를 이룬 여성 CEO
김미현 지음 / 신국판 / 248쪽 / 9,500원

3천만 원으로 부동산 재벌 되기 최수길 · 이숙 · 조연희 지음
신국판 / 290쪽 / 12,000원

10년을 앞설 수 있는 재테크 노동규 지음
신국판 / 260쪽 / 10,000원

세계 최강을 추구하는 도요타 방식 나카야마 키요타카
지음 / 민병수 옮김 / 신국판 / 296쪽 / 12,000원

최고의 설득을 이끌어내는 프레젠테이션 조두환 지음
신국판 / 296쪽 / 11,000원

최고의 만족을 이끌어내는 창의적 협상 조강희 · 조원희 지음
신국판 / 248쪽 / 10,000원

New 세일즈 기법 물건을 팔지 말고 가치를 팔아라
조기선 지음 / 신국판 / 264쪽 / 9,500원

작은 회사는 전략이 달라야 산다 황문진 지음
신국판 / 312쪽 / 11,000원

주 식

개미군단 대박맞이 주식투자 홍성걸(한양증권 투자분석
팀 팀장) 지음 / 신국판 / 310쪽 / 9,500원

알고 하자! 돈 되는 주식투자 이길영 외 2명 공저
신국판 / 388쪽 / 12,500원

항상 당하기만 하는 개미들의 매도 · 매수타이밍 999% 적중 노하우
강경무 지음 / 신국판 / 336쪽 / 12,000원

부자 만들기 주식성공클리닉 이창희 지음
신국판 / 372쪽 / 11,500원

선물 · 옵션 이론과 실전매매 이창희 지음
신국판 / 372쪽 / 12,000원

너무나 쉬워 재미있는 주가차트 홍성무 지음
4×6배판 / 216쪽 / 15,000원

주식투자 직접 투자로 높은 수익을 올릴 수 있는 비결
김학균 지음 / 신국판 / 230쪽 / 11,000원

역학

역리종합 만세력 정도명 편저
신국판 / 532쪽 / 10,500원

작명대전 정보국 지음
신국판 / 460쪽 / 12,000원

하락이수 해설 이천교 편저
신국판 / 620쪽 / 27,000원

현대인의 창조적 관상과 수상 백운산 지음
신국판 / 344쪽 / 9,000원

대운용신영부적 정재원 지음
신국판 양장본 / 750쪽 / 39,000원

사주비결활용법 이세진 지음
신국판 / 392쪽 / 12,000원

컴퓨터세대를 위한 新 성명학대전 박용찬 지음
신국판 / 388쪽 / 11,000원

길흉화복 꿈풀이 비법 백운산 지음
신국판 / 410쪽 / 12,000원

새천년 작명컨설팅 정재원 지음
신국판 / 492쪽 / 13,900원

백운산의 신세대 궁합 백운산 지음
신국판 / 304쪽 / 9,500원

동자삼 작명학 남시모 지음 / 신국판 / 496쪽 / 15,000원

구성학의 기초 문길여 지음 / 신국판 / 412쪽 / 12,000원

소울음소리 이건우 지음 / 신국판 / 314쪽 / 10,000원

법률일반

여성을 위한 성범죄 법률상식 조명원(변호사) 지음
신국판 / 248쪽 / 8,000원

아파트 난방비 75% 절감방법 고영근 지음
신국판 / 238쪽 / 8,000원

일반인이 꼭 알아야 할 절세전략 173선
최성호(공인회계사) 지음 / 신국판 / 392쪽 / 12,000원

변호사와 함께하는 부동산 경매 최환주(변호사) 지음
신국판 / 404쪽 / 13,000원

혼자서 쉽고 빠르게 할 수 있는 소액재판 김재용 · 김종철 공저
신국판 / 312쪽 / 9,500원

"술 한 잔 사겠다"는 말에서 찾아보는 채권 · 채무
변환철(변호사) 지음 / 신국판 / 408쪽 / 13,000원

알기쉬운 부동산 세무 길라잡이 이건우(세무서 재산계장) 지음
신국판 / 400쪽 / 13,000원

알기쉬운 어음, 수표 길라잡이 변환철(변호사) 지음
신국판 / 328쪽 / 11,000원

제조물책임법 강동근(변호사) · 윤종성(검사) 공저
신국판 / 368쪽 / 13,000원

알기 쉬운 주5일근무에 따른 임금 · 연봉제 실무
문강분(공인노무사) 지음 / 4×6배판 변형 / 544쪽 / 35,000원

변호사 없이 담당히 이길 수 있는 형사소송 김대환 지음
신국판 / 304쪽 / 13,000원

변호사 없이 담당히 이길 수 있는 민사소송 김대환 지음
신국판 / 412쪽 / 13,000원

혼자서 해결할 수 있는 교통사고 Q&A 조명원(변호사) 지음
신국판 / 336쪽 / 12,000원

알기 쉬운 개인회생 · 파산 신청법 최재구(법무사) 지음
신국판 / 352쪽 / 13,000원

생활법률

부동산 생활법률의 기본지식 대한법률연구회 지음
김원중(변호사) 감수 / 신국판 / 480쪽 / 12,000원

고소장 · 내용증명 생활법률의 기본지식 하태웅(변호사) 지음
신국판 / 440쪽 / 12,000원

노동 관련 생활법률의 기본지식 남동희(공인노무사) 지음
신국판 / 528쪽 / 14,000원

외국인 근로자 생활법률의 기본지식 남동희(공인노무사) 지음
신국판 / 400쪽 / 12,000원

계약작성 생활법률의 기본지식 이상도(변호사) 지음
신국판 / 560쪽 / 14,500원

지적재산 생활법률의 기본지식 이상도(변호사) · 조의제(변리사) 공저 / 신국판 / 496쪽 / 14,000원

부당노동행위와 부당해고 생활법률의 기본지식
박영수(공인노무사) 지음 / 신국판 / 432쪽 / 14,000원

주택 · 상가임대차 생활법률의 기본지식
김운용(변호사) 지음 / 신국판 / 480쪽 / 14,000원

하도급거래 생활법률의 기본지식
김진흥(변호사) 지음 / 신국판 / 440쪽 / 14,000원

이혼소송과 재산분할 생활법률의 기본지식
박동섭(변호사) 지음 / 신국판 / 460쪽 / 14,000원

부동산등기 생활법률의 기본지식
정상태(법무사) 지음 / 신국판 / 456쪽 / 14,000원

기업경영 생활법률의 기본지식
안동섭(단국대 교수) 지음 / 신국판 / 466쪽 / 14,000원

교통사고 생활법률의 기본지식
박정무(변호사) · 전병찬 공저 / 신국판 / 480쪽 / 14,000원

소송서식 생활법률의 기본지식
김대환 지음 / 신국판 / 480쪽 / 14,000원

호적 · 가사소송 생활법률의 기본지식
정주수(법무사) 지음 / 신국판 / 516쪽 / 14,000원

상속과 세금 생활법률의 기본지식
박동섭(변호사) 지음 / 신국판 / 480쪽 / 14,000원

담보 · 보증 생활법률의 기본지식
류창호(법학박사) 지음 / 신국판 / 436쪽 / 14,000원

소비자보호 생활법률의 기본지식
김성천(법학박사) 지음 / 신국판 / 504쪽 / 15,000원

판결 · 공정증서 생활법률의 기본지식
정상태(법무사) 지음 / 신국판 / 312쪽 / 13,000원

산업재해보상보험 생활법률의 기본지식
정유석(공인노무사) 지음 / 신국판 / 384쪽 / 14,000원

처세

성공적인 삶을 추구하는 여성들에게 우먼파워 조안 커너 · 모이라 레이너 공저 / 지창영 옮김 / 신국판 / 352쪽 / 8,800원

이익이 되는 말 話 손해가 되는 말 우메시마 미요 지음 / 정성호 옮김 / 신국판 / 304쪽 / 9,000원

성공하는 사람들의 화술테크닉 민영욱 지음
신국판 / 320쪽 / 9,500원

부자들의 생활습관 가난한 사람들의 생활습관
다케우치 야스오 지음 · 홍영의 옮김
신국판 / 320쪽 / 9,800원

코끼리 귀를 담긴 원숭이-히딩크식 창의력을 배우자
강충인 지음 / 신국판 / 208쪽 / 8,500원

성공하려면 유머와 위트로 무장하라 민영욱 지음
신국판 / 292쪽 / 9,500원

등소평의 오뚝이전략 조창남 편저
신국판 / 304쪽 / 9,500원

노무현 화술과 화법을 통한 이미지 변화 이현정 지음
신국판 / 320쪽 / 10,000원

성공하는 사람들의 토론의 법칙 민영욱 지음
신국판 / 280쪽 / 9,500원

사람은 칭찬을 먹고산다 민영욱 지음
신국판 / 268쪽 / 9,500원

사과의 기술 김농주 지음
국판 변형 양장본 / 200쪽 / 10,000원

취업 경쟁력을 높여라 김농주 지음
신국판 / 280쪽 / 12,000원

유비쿼터스시대의 블루오션 전략 최양진 지음
신국판 / 248쪽 / 10,000원

나만의 블루오션 전략-화술편 민영욱 지음
신국판 / 254쪽 / 10,000원

희망의 씨앗을 뿌리는 20대를 위하여 우광균 지음
신국판 / 172쪽 / 8,000원

끌리는 사람이 되기위한 이미지 컨설팅 홍순아 지음
대국전판 / 194쪽 / 10,000원

명상

명상으로 얻는 깨달음
달라이 라마 지음 / 지창영 옮김 / 국판 / 320쪽 / 9,000원

어 학

2진법 영어 이상도 지음
4×6배판 변형 / 328쪽 / 13,000원

한 방으로 끝내는 영어 고제윤 지음
신국판 / 316쪽 / 9,800원

한 방으로 끝내는 영단어 김승엽 지음 / 김수경 · 카렌다 감수 / 4×6배판 변형 / 236쪽 / 9,800원

해도해도 안 되던 영어회화 하루에 30분씩 90일이면 끝낸다
Carrot Korea 편집부 지음 / 4×6배판 변형 / 260쪽 / 11,000원

바로 활용할 수 있는 기초생활영 김수경 지음
신국판 / 240쪽 / 10,000원

바로 활용할 수 있는 비즈니스영어 김수경 지음
신국판 / 252쪽 / 10,000원

생존영어55 홍일록 지음
신국판 / 224쪽 / 8,500원

필수 여행영어회화 한현숙 지음
4×6판 변형 / 328쪽 / 7,000원

필수 여행일어회화 윤영자 지음
4×6판 변형 / 264쪽 / 6,500원

필수 여행중국어회화 이은진 지음
4×6판 변형 / 256쪽 / 7,000원

영어로 배우는 중국어 김승엽 지음
신국판 / 216쪽 / 9,000원

필수 여행스페인어회화 유연창 지음
4×6판 변형 / 288쪽 / 7,000원

바로 활용할 수 있는 홈스테이영어 김형주 지음
신국판 / 184쪽 / 9,000원

스포츠

수영이의 브라질 축구 탐방 삼바 축구, 그들은 강하다
이수열 지음 / 신국판 / 280쪽 / 8,500원

마라톤, 그 아름다운 도전을 향하여
빌 로저스 · 프리실라 웰치 · 조 헨더슨 공저 / 오인환 감수
/ 지창영 옮김 4×6배판 / 320쪽 / 15,000원

퍼팅 메커닉 이근택 지음
4×6배판 변형 / 192쪽 / 18,000원

아마골프 가이드 정영호 지음
4×6배판 변형 / 216쪽 / 12,000원

인라인스케이팅 100%즐기기 임미숙 지음
4×6배판 변형 / 172쪽 / 11,000원

배스낚시 테크닉 이종건 지음
4×6배판 / 440쪽 / 20,000원

나도 디지털 전문가 될 수 있다!!! 이승훈 지음
4×6배판 / 320쪽 / 19,200원

스키 100% 즐기기 김동환 지음
4×6배판 변형 / 184쪽 / 12,000원

태권도 총론 하웅의 지음
4×6배판 / 288쪽 / 15,000원

건강하고 아름다운 동양란 기르기 난마을 지음
4×6배판 변형 / 184쪽 / 12,000원

수영 100% 즐기기 김종만 지음
4×6배판 변형 / 248쪽 / 13,000원

애완견114 황양원 엮음
4×6배판 변형 / 228쪽 / 13,000원

건강을 위한 웰빙 걷기 이강옥 지음
대국전판 / 280쪽 / 10,000원

우리 땅 우리 문화가 살아 숨쉬는 옛터 이형권 지음
대국전판 올컬러 / 208쪽 / 9,500원

아름다운 산사 이형권 지음
대국전판 올컬러 / 208쪽 / 9,500원

골프 100타 깨기 김준모 지음
4×6배판 변형 / 136쪽 / 10,000원

쉽고 즐겁게! 신나게! 배우는 재즈댄스 최재선 지음
4×6배판 변형 / 200쪽 / 12,000원

맛과 멋이 있는 낭만의 카페 박성찬 지음
대국전판 올컬러 / 168쪽 / 9,900원

한국의 숨어 있는 아름다운 풍경 이종원 지음
대국전판 올컬러 / 208쪽 / 9,900원

사람이 있고 자연이 있는 아름다운 명산 박기성 지음
대국전판 올컬러 / 176쪽 / 12,000원

마음의 고향을 찾아가는 여행 포구 김인자 지음
대국전판 올컬러 / 224쪽 / 14,000원

골프 90타 깨기 김광섭 지음
4×6배판 변형 / 148쪽 / 11,000원

생명이 살아 숨쉬는 한국의 아름다운 강 민병준 지음
대국전판 올컬러 / 168쪽 / 12,000원

뜬나는 대로 세계여행 김재омад 지음
4×6배판 변형 올컬러 / 368쪽 / 20,000원

KLPGA 최여진 프로의 센스 골프 최여진 지음
4×6배판 변형 올컬러 / 192쪽 / 13,900원

해양스포츠 카이트보딩 김남용 편저
신국판 올컬러 / 152쪽 / 18,000원

KTPGA 김준모 프로의 파워 골프 김준모 지음
4×6배판 변형 올컬러 / 192쪽 / 13,900원

골프 80타 깨기 오태훈 지음
4×6배판 변형 / 132쪽 / 10,000원

신나는 골프 세상 유응열 지음
4×6배판 변형 올컬러 / 232쪽 / 16,000원

풍경 속을 걷는 즐거움 명상 산책 김인자 지음
대국전판 올컬러 / 224쪽 / 14,000원

이신 프로의 더 퍼펙트 이신 지음
국배판 / 336쪽 / 28,000원

주니어 출신 박영진 프로의 주니어 골프 박영진 지음
4×6배판 변형 올컬러 / 164쪽 / 11,000원

여성 · 실용

결혼 준비, 이제 놀이가 된다 김창규 · 김수경 · 김정철 지음
4×6배판 변형 / 230쪽 / 13,000원

주니어 출신 박영진 프로의
주니어 골프

2007년 2월 5일 제1판 1쇄 발행

지은이/박영진
펴낸이/강선희
펴낸곳/가림출판사

등록/1992. 10. 6. 제4-191호
주소/서울시 광진구 구의동 57-71 부원빌딩 4층
대표전화/458-6451   팩스/458-6450
홈페이지/ www.galim.co.kr
전자우편/galim@galim.co.kr

값 11,000원

ⓒ 박영진, 2007

ISBN 978-89-7895-259-0 03690

가림출판사 · 가림M&B · 가림Let's의 홈페이지(http://www.galim.co.kr)에 들
어오시면 가림출판사 · 가림M&B · 가림Let's의 신간도서 및 출간 예정 도서를
포함한 모든 책들을 만나실 수 있습니다.
온라인 서점을 통하여 직접 도서 구입도 하실 수 있으며 가림 홈페이지 내에서
전국 대형 서점들의 사이트에 링크하시어 종합 신간 안내 및 각종 도서 정보,
책과 관련된 문화 정보를 받아보실 수 있습니다.
또한 홈페이지 방문시 회원으로 가입하시면 신간 안내 자료를 보내드립니다.